【项目资助】

上海市哲社规划项目（2021JGO15—ECK117）、国家自然

科学基金（71874027）、2022年"东华大学基本科研业务

专项资金"重点项目资助

长三角一体化进程中文化
产业政策协调机制研究

高晗 著

经济管理出版社

ECONOMY & MANAGEMENT PUBLISHING HOUSE

图书在版编目（CIP）数据

长三角一体化进程中文化产业政策协调机制研究/高晗著.—北京：经济管理出版社，2022.3

ISBN 978 - 7 - 5096 - 8349 - 1

Ⅰ.①长…　Ⅱ.①高…　Ⅲ.①长江三角洲—文化产业—产业政策—研究　Ⅳ.①G127.5

中国版本图书馆 CIP 数据核字（2022）第 040465 号

组稿编辑：陈　力
责任编辑：高　娅　王玉林
责任印制：黄章平
责任校对：王淑卿

出版发行：经济管理出版社
　　　　　（北京市海淀区北蜂窝 8 号中雅大厦 A 座 11 层　100038）
网　　址：www. E - mp. com. cn
电　　话：（010）51915602
印　　刷：北京虎彩文化传播有限公司
经　　销：新华书店
开　　本：720mm×1000mm/16
印　　张：11
字　　数：140 千字
版　　次：2022 年 3 月第 1 版　　2022 年 3 月第 1 次印刷
书　　号：ISBN 978 - 7 - 5096 - 8349 - 1
定　　价：68.00 元

前　言

在数字经济时代，我国文化产业发展方兴未艾。党的十九大报告指出，中国经济由"高速发展"向"高质量发展"转变，文化产业的发展速度和质量也亟待提高。随着长三角区域一体化飞速发展，文化产业在《长江三角洲区域一体化发展规划纲要》政策引导下的发展情况、发展重点、发展难点和发展规划等问题亟须探讨和动态调整。本书主要以政策文件导向和量化数据分析为手段，运用空间计量经济学、网络拓扑仿真、数据包络分析法等方法，对长三角一体化中文化产业政策发展问题进行了数理分析和模型化验证。主要得出了以下三个结论：第一，以长三角一体化进程时间为起点，通过对文化产业政策实施效果进行分析，提出未来一体化进程中文化产业政策体系共生机制构建的行动方案。第二，在政策叠加视角下，通过主层次分析方法，发现市场需求、政府行为、相关产业和支持产业是文化产业集群竞争力形成的关键要素，要素资源和文化产业规模对文化产业集群竞争力形成的作用次之，创新和可持续发展由于投入大、风险较高，因此具有一定的不确定性，对文化产业集群竞争力的形成短期内难以显见，但是对于推动文化产业的长期竞争力形成具有重要作用。第三，通过比对"三省一市"的经济数据，并且使用空间固定面板模型，发现人力资本对长三角文化产业具有较强的促进作用，而公共设施水平、借贷水平、消费水平均表现为制约作用，"三省一市"部分区域的文化产业业态集聚性并不显著。最后，得出以下研究对策：其一，合理引导文化产业与数字科技的有效融合；其二，城市间治理合作是长三角文化产业融合的动力；其三，构建长三角文化产业政策体系的信任机制；其四，多元大文化融合创新，协调文化产业精准施策。

高　晗

2021 年 9 月

目　录

第一章 长三角一体化进程中文化产业发展背景及现状分析

一、国内外文化产业研究现状

随着经济全球化、区域一体化的深入，世界经济格局呈动态变换，在全球产业转型升级的大背景中，世界各国把"文化产业竞争发展"提升到国家竞争力的战略高度，使之成为全球竞争的重要武器。各国在文化产业中的力量对比与经济实力具有较高的同步性。全球的文化创意产业份额主要集中于美、英、法、德、日、韩、新加坡等经济发达国家。中国的文化产业起步于20世纪80年代，经过30多年的努力，文化产业已成为我国的重要产业之一。《文化部"十三五"时期文化产业发展规划》绘制了一幅"数字化"新兴文化产业发展蓝图，信息技术革命催生文化产业的新业态，"文化+""互联网+"推动文化产业向外拓展。长江经济带建设、"一带一路"建设和京津冀协同发展的深入实施推动文化产业优化布局。文化产业区域布局不是"摊大饼",而是要因地制宜,发挥区域优势,使文化产业成为推动区域一体化建设的重要黏合剂。

在实践发展的同时,理论研究也迅速跟进。半个多世纪以来,国内外学者对文化产业进行了多方面的研究,并取得了不错的成就。根据现有研究,本书将从以下三个方面进行梳理:文化产业竞争力发展研究、文化产业集群研究、文化产业政策和发展战略研究。

1. 国内文化产业研究现状

(1) 文化产业竞争力发展研究。近年来,文化产业的国际竞争越来越激烈,在当前的经济格局中,西方经济大国和地区在经济发展中长期占据主导地位,这些经济强国和地区的文化产业份额远远领先于亚洲新兴市场。据统计,在 2010~2013 年世界文化产品与服务市场中,美国占总份额的 43%,欧盟占总份额的 34%,日本、韩国各占总份额的 10% 和 5%,这几个国家和地区的文化产品贸易达到世界总额的 90% 以上,仅有总份额的 4% 属于中国在内的其他亚太地区国家。

国家之间的竞争无处不在,在文化软实力上,中国还需"苦练内功""对外合作",我国学者对文化产业竞争力进行了宏观(国家)、中观(区域、城市)和微观(产业集聚区)层面的多层次研究,主要集中于文化产业竞争力的评价模型、指标体系以及评价方法上。通过分析,得出提高我国文化产业竞争力的结论和建议,如图 1-1 所示。花建(2015)概括出文化产业竞争力的层次模型,即分析文化产业的四大能力、七大板块,将 3P 分析框架与波特的思想相结合,提出极具代表性的竞争力层次模型,总结出提升中国文化产业竞争力的重点战略。祁述裕、孙博(2014)以"钻石模型"为基础,构建文化产业国际竞争力模型，将政府行为纳入模型，利用该评价模型对中国文化产业竞争力进行整体研究，更加贴近中国国情。赵彦云等（2006）选取文化产业竞争力评价的七大要素及27个子要素的数据设计出竞争力均衡分析模型，并选取36个省市进行实证分析。王岚、赵国杰（2008）运用网络层次分析法（Analytic Network Process，ANP），利用衡量竞争力的四大核心能力指标构造竞争力评价模型。蓝庆新等（2012）根据IMD和WEF竞争力理论从生产要素、需求要素、产业关联、企业发展、贸易行为和政府行为方面构建文化产业国际竞争力的评价指标体系，并利用经济排名前20的国家数据对我国文化产业国际竞争水平进行了测度分析。结果表明，我国文化产业的国际竞争力较弱，存在要素配置不合理、文化价值网络不成熟等问题。赵利（2016）运用主成分分析法建立因子载荷矩阵，对我国省域文化产业竞争力的活力贡献度进行经验研究。杨头平、潘桑桑（2018）从基础竞争力、核心竞争力、软环境竞争力三个层面构建评价体系，运用因子分析法评价中部六省区文化产业竞争力，并根据评价结果采用对应分析法剖析竞争力差异的根源，如图1-2所示。为了从根本上实现文化产业的可持续发展，提高竞争力，有学者从区域文化产业竞争力的形成机理出发，对区域文化产业竞争力结果度量进行进一步解析。曾涛等（2018）在结构方程模型（Structural Equation Modeling，SEM）基础上，巧妙地运用系统动力学模型（System Dynamics，SD）构建区域文化产业竞争力的动态博弈模型方程，通过调整模型中的系数和参数，得出可持续发展、生产要素投入预期决策能力、需求状况和整体创新四要素在区域文化产业竞争力的博弈中具有重要作用的结论。

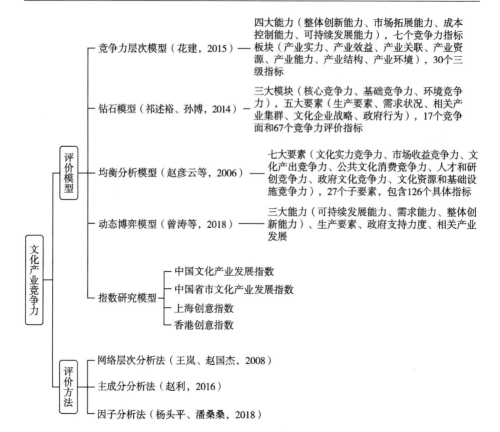

竞争力层次模型（花建，2015）—— 四大能力（整体创新能力、市场拓展能力、成本控制能力、可持续发展能力），七个竞争力指标板块（产业实力、产业效益、产业关联、产业资源、产业能力、产业结构、产业环境），30个三级指标

钻石模型（祁述裕、孙博，2014）—— 三大模块（核心竞争力、基础竞争力、环境竞争力），五大要素（生产要素、需求状况、相关产业集群、文化企业战略、政府行为），17个竞争面和67个竞争力评价指标

均衡分析模型（赵彦云等，2006）—— 七大要素（文化实力竞争力、市场收益竞争力、文化产出竞争力、公共文化消费竞争力、人才和研创竞争力、政府文化竞争力、文化资源和基础设施竞争力），27个子要素，包含126个具体指标

动态博弈模型（曾涛等，2018）—— 三大能力（可持续发展能力、需求能力、整体创新能力）、生产要素、政府支持力度、相关产业发展

指数研究模型
- 中国文化产业发展指数
- 中国省市文化产业发展指数
- 上海创意指数
- 香港创意指数

网络层次分析法（王岚、赵国杰，2008）

主成分分析法（赵利，2016）

因子分析法（杨头平、潘桑桑，2018）

图1-1　中国文化产业竞争力典型的评价模型、指标体系和评价方法

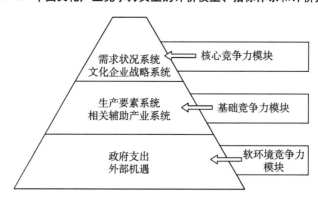

图1-2　竞争力组成模块

资料来源：杨头平，潘桑桑．中部地区文化产业竞争力评价与差异分析［J］．经济地理，2018（12）：119－125．

（2）文化产业集群研究。《文化部"十三五"时期文化产业发展规划》完美对接"长江经济带"战略，通过优化区域发展布局加强区域合作，做到优势互补、共同发展。文化产业集群也是通过分工协作形成完整的产业链，国内学者对文化产业集群的研究主要集中于集群的生成条件和发展模式，通过建立理论模型，对标某个区域中具有代表性的集群进行实证分析。关于文化产业集群的形成机制大致分为三种观点：一是以市场力量为主导的文化产业集聚；二是强调政府政策对文化产业集群的重要影响；三是以市场力量和政府支持并重的文化产业集聚形成机制。基于此，朱旭光（2009）通过长三角文化产业集群形成的时间维度、空间维度和时空结合维度的发展趋势概括出影响集群形成的重要因素。

蒋三庚（2009）以"钻石模型"为基础，结合相关案例研究，归纳出文化创意产业集群生成和发展所需要的基本要素。袁海（2010）构建了一个包含有经济地理变量、新经济地理变量和产业政策变量在内的计量模型，利用该模型分析我国省域之间文化产业集聚发展的影响要素，发现"沿海"的地理区位、文化资源禀赋等是产业集群产生和发展的重要影响因素。郑自立（2012）对我国文化创意产业集群在发展过程中面临的制度规范、资源利用、人才支撑和市场开发四大困境进行了深入分析，并提出针对性的意见。解学芳（2015）认为文创公司的集聚度与互联网普及度和成熟度、经济发展水平等因素密切相关，文创公司的地理集群与互联网增长极几乎是一致的。

地理区位、文化资源禀赋、人才储备、互联网成熟度、经济发展水平是长三角建立经济、社会和文化互动发展新模式的坚实基础。长三角经济带被视为最外围的文化产业集群圈，通过这个庞大的集群，分散形成城市内部的集群，从而加速推动区域文化产业一体化发展。

（3）文化产业政策和发展战略研究。文化产业的发展离不开政策的引导、管理和支持。2018 年，习近平总书记在首届中国国际进口博览会中正式宣布支持长江三角洲区域一体化发展并上升为国家战略，这一政策将推动形成长三角区域强势经济圈，同时，长三角经济带的文化产业也进入自觉合作的时代。

近年来，关于文化产业的政策层出不穷，为研究政策的合理性，国内学者通过绩效跟踪、量化打分等方法对政策的有效性、区域异质性和外溢性进行了大量研究。薛飔（2016）运用双重差分法实证检验了文化体制改革对地区经济增长的影响。结果表明，文化体制改革对文化产业的增长具有促进作用，并推动 GDP 增长。蒋园园等（2019）根据政策的量化打分数据，构建省级面板数据，运用系统 GMM 的两步法分析了文化创意产业政策的总体效果，研究结果表明，政府的财政补贴政策对产业的正面影响最为显著，金融扶持措施对产业发挥的作用次之，而税收优惠措施阻碍了文化产业的发展。文化产业的发展不仅需要政策支持，还需要依托当地综合资源，如资金、技术、文创人才等。因此，为了检验政策的效果是否具有区域异质性，他们通过实证检验，结果显示，我国的文化产业政策效果具有明显的区域异质性。文化产业政策对东部地区的产业发展促进作用最为显著。由于东部地区的资本市场发达，金融扶持措施发挥的作用非常明显，而从财政补贴的效果来看，西部地区要高于东部地区。

在产业管理方面，祁述裕、孙博（2014）围绕政府、市场和企业三者在文化产业发展过程的互动关系变迁由数量型增长向质量型发展转变、文化事业与文化产业由"两分法"向相互融合转变等七个方面说明了我国文化产业管理和发展的基本思路和重点。从文化产业发展角度，如何更好地落实国家战略是学者关注的重点，如在"一带一路"倡议上，花建

（2015）根据区位条件和集约化发展的特征提出成渝城市群、长江中游城市群、长江三角洲城市群等区域组团，以及近中远三重文化辐射带，从发展轴、城市群到辐射带，基本构建了"一带一路"框架下文化产业的内外发展版图。

2. 国外文化产业研究现状

习近平总书记指出，谋划"十四五"时期发展，要高度重视发展文化产业。文化产业已经保持了近 20 年的快速发展，其定义与内涵在不断地发展与调整。2004 年，国家统计局会同中宣部等部委，在《国民经济分类》的基础上推出了《文化及相关产业分类》，对文化产业做了界定；之后又根据党中央的规划、文化主管部门的政策，参考《2009 年联合国教科文组织文化统计框架》（以下简称《文化统计框架 2009》）等文件，两次修订完善此分类。最新版的《文化及相关产业分类（2018）》就是目前文化产业人士解读文化产业最权威的标准文件。预计随着文化产业布局的不断深入，"十四五"时期《文化及相关产业分类》或将进一步修订完善。

不管是在教科书里还是在业界，联合国教科文组织关于文化产业的定义得到的认可度都比较高：文化产业就是按照工业标准，生产、再生产、储存以及分配文化产品和服务的一系列活动。《文化统计框架 2009》强调，统计框架中定义的文化领域包含一系列共同的经济（比如生产产品和服务）和社会活动（比如参加文化活动），它们在传统上被视为"文化"。除此之外，相关领域包含其他经济活动及社会活动，它们只有"某些部分具有文化属性"，或者通常被看作"娱乐或休闲"，而并非"纯文化"。这种解释被国内学界与政府所接纳与认可，国家统计局一直强调的并不是文化产业，而是"文化及相关产业"，只是更习惯简称为"文化产业"。

（1）文化产业竞争力发展研究。虽然"文化产业"这一概念在 20 世纪初就出现了，但在世界范围内没有一个统一的定义，美国称其为"版权产业"，英国称之为"创意产业"，日本学者日下公人（1989）提出文化产业是创造并销售文化符号的活动。20 世纪 80 年代，随着国际竞争的加剧，学者纷纷加入产业竞争力研究的浪潮。在文化产业竞争力研究模型中，较具代表性的有钻石模型、VRIO 分析模型、文化创意指数等。钻石模型是由迈克尔·波特在《国家竞争优势》一书中提出的，他认为一个产业的竞争力来源于该产业具备的竞争优势，竞争优势主要由生产要素、市场需求条件、相关产业与支持产业的活力、结构和竞争行为构成，钻石模型更加注重外部因素，较少关注产业内部的竞争力。① VRIO 分析模型属于内生理论，由 Jay B. Barney 提出，他认为可持续竞争优势依赖于企业内部资源和能力，管理人员要在企业内部寻找稀缺的、有价值的资源。在产业竞争力分析中，理查德·佛罗里达（Richard Florida）开发了能够反映地区文化创意经济发展潜力的晴雨表——创意指数。理查德·佛罗里达在《创意阶层的崛起》和《创意的欧洲》中构造了"3Ts"指数和欧洲创意指数，这些指数对文化创意产业竞争力的研究有着重要的指导意义。

与国内的理论研究不同的是，国外学者关于竞争力的研究更关注于个案的调查研究，并细分出行业市场，主要涉及艺术、创意、影视、音乐、动漫等领域。Shim（2009）对韩国文化产业中的电视剧行业、电影行业及音乐受到中国及亚洲其他国家的热烈追捧的原因进行研究，并指出韩国文化产业的领先优势。这与 Bielby（2009）关于国际电视市场对文化价值判断的研究相呼应。

---

① 迈克尔·波特. 国家竞争优势［M］. 李明轩，邱如美译. 北京：华夏出版社，2002.

（2）文化产业集群研究。继迈克尔·波特教授提出"产业集群"概念之后，许多学者对"文化产业集群"这一概念进行界定："在文化产业领域形成空间集聚，并通过协同作用形成竞争优势。"国外对文化产业集群的研究偏向于研究文化产业集群的类型、产生原因、发展的要素条件，通常结合典型的文化产业园区进行实例研究。其中，比较具有代表性的有：Mommaas（2012）则利用纽约市新媒体产业的相关数据，检验了区位因素对文化产业集群发展的重要作用。理查德·佛罗里达（Richard Florida，2002）通过比较产业集群和文化产业集群之间的异同，总结文化产业集群产生和发展的影响因素、条件和基本特征。国外大多数的文化产业集群都是以市场为导向自发形成的，大多数学者在形成机制研究中都强调市场因素在集群形成过程中的重要作用，政府支持的政策仅仅作为外部的推动因素。

近年来，基于地理学研究的视角，关于文化产业的区域集群的研究成为研究的新热点。Mommaas（2016）从地理学角度出发，通过研究欧洲西北部文化创意产业集群的发展，分析不同文化背景、经济条件和空间环境下产业集群发展的动态和轨迹。Currid 和 Williams（2010）通过地理信息（GIS）系统对洛杉矶和纽约的文化产业和集群发展进行了对比分析，研究发现文化产业中的细分行业（艺术、电影、音乐、动漫等）之间的发展具有明显的差异，文化产业集群的研究有利于进一步理解选址模式。

（3）文化产业政策和发展战略研究。政策作为文化产业发展的制度保障，是国外相关领域学者的主要研究内容，通过对文化产业政策的分类开展系统的研究，互动的网络合作模式需要跨行业的产业政策支持。Erik Braun（2007）依据其他行业、其他环境以及与创意产业尤其相关的政策领域，把文化产业政策分为创新政策、创业政策、融资政策、国际市场开发政策、创意集群政策、知识产权政策和其他相关政策七大类政策。国外学者对文化产业政策的研究同样也包含了政策实施的效果、政策的差异化和外溢性。Brown 和 O'Connor（2000）以两个英国北部城市为例，探讨了不同的文化政策对文化产业园区的影响差异。Morawetzn 等（2007）研究发现政府的补贴政策会导致电影行业陷入"补贴陷阱"。一些国外学者对政府实施的政策持不同的看法。有学者认为文化政策逐渐成为一国对外输出本国文化思想的重要武器。Galloways 和 Dunlop（2007）对政府实行文化产业政策的动机提出质疑，他们认为政府忽视了政策的公共产品属性，不恰当地将经济利益纳入其政策目标中。Lee 等（2014）通过分析评估 1997～2010 年英国的文创产业政策，认为文化创意产业政策变得越来越经济化，甚至以牺牲社会民主为代价。Jin（2014）研究美国在全球电影市场中的策略，通过自由贸易协定阻碍他国文化发展的自主权。Breen（1981）考察发现由于澳大利亚—美国的自由贸易协定，导致美国文化强势主导阻碍了本国文化发展。

3. 主要发达国家文化产业政策实施推进

以政府力量为主导的中国文化产业依赖于政府政策，党的十六大提出要"发展文化产业"，标志着文化产业政策的形成。根据政策的干预程度可分为直接干预型和间接引导型。根据其阶段性特征，2002～2005 年，文化产业政策着眼于宏观战略和发展规划；2006～2010 年，政府出台大量规范性管理政策；2011～2019 年，文化产业政策转向关注产业自身的发展和对其他相关产业的互动和外溢效应。本书根据国家地方和行业部门文化相关政策文件，提出将文化产业应用领域分为文化产业结构政策、规范文化产业市场政策、财政与投融资政策和文化产品进出口政策。具体分类如表 1-1 所示。

表 1 - 1　中国文化产业政策分类

依据	分类
干预程度	直接干预型政策
	间接引导型政策
阶段性	战略性政策
	规范性政策
	发展性政策
应用领域	文化产业结构政策
	规范文化产业市场政策
	财税与投融资政策
	文化产品进出口政策

2000 年，文化产业被正式列入国民经济发展规划中，2005～2017 年中国文化及相关产业增加值与占 GDP 比重如图 1 - 3 所示，2009 年，国家出台了第一部文化产业的长期规划——《文化产业振兴规划》。为了推动文化产业"走出去"，文化部出台了《"一带一路"文化发展行动计划（2016—2020 年)》等政策。各地方政府在集中领导下，出台相关政策推动各区域形成文化产业集群，规划文化产业园区。例如，上海市出台"文创产业发展财政扶持资金项目"以支持产业发展，其中，高水平的文创园区发展势头良好，市级文创园区总面积达到 717 万平方米，文创企业超 2 万家，创税收总额超 300 亿元。随着中国"互联网＋"产业的创新发展，互联网文化消费逐渐成为人们的新消费方式。2015 年，国务院发布《关于积极推进"互联网＋"行动的指导意见》，借助互联网平台（腾讯视频、爱奇艺等），贯通文化消费上下游。"十三五"规划中文化产业发展的一个重大任务是推动文化产业"互联网＋"发展，借助社交平台、网络视频平台等实现平台化发展。政策上的支持对文化消费产生极大的推动力，同时我国城市化进程也为文化产业提供了源源不断的消费人群。

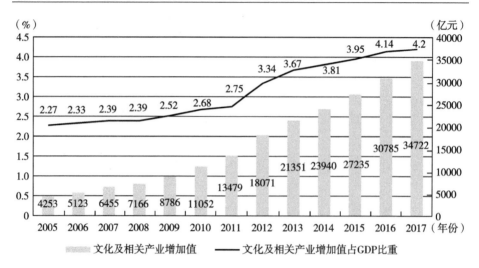

图 1 - 3 2005 ~ 2017 年中国文化及相关产业增加值与占 GDP 比重

资料来源：中国文化数据库。

消费数额的上升带动文化市场的快速发展。党的十九大提出加快文化产业发展这一主线，"数字文化产业"政策成为市场发展的新潜能。2018 年，北京率先推出"文化产业创新发展"的意见，北京市通过强化科技、文化旅游、文化体育和其他产业的深度融合重点发展"文化 + "新业态、新产品、新模式。

综观世界各国不同的经济基础和发展模式，美国的文化产业被称为"版权产业"，英国更加注重文化产业中的"创意"元素，日本突出发展"数字内容"文化产品及服务，韩国创造出风靡全球的"韩流文化"。

作为世界头号强国，美国文化产业总值占据了全球文化产业总值的半壁江山，控制着全球 75% 的电视生产和制作以及 85% 的电影市场份额。美国的文化产业发展分为三个阶段，分别是内生性发展阶段、外拓式发展阶段和全球集群化发展阶段。在内生性发展阶段，美国出台了 *Radio Act*（《广播法》）

和 *Communications Act*（《通信法案》）等法规政策，以保证为文化创意产业发展提供良好的政策环境；"二战"后到 20 世纪末，美国的文化创意产业处于外拓发展阶段，文化产品配合国家战略，成为美国文化和价值观输出的重要载体；"冷战"结束后，美国文化产业发展到第三个阶段，产业集群化使美国文化产业集团实现跨产业、跨国界运作，主导世界整个文化体。

在英国，创意产业已成为其第二大产业，产值占国内生产总值的 7% 以上。1998 年，《英国创意产业路径文件》正式提出"创意产业"概念。同年，布莱尔政府将文创产业提升到国家经济战略的新高度，并发布《创意产业纲领性文件》，成立了创意产业输出顾问团，专攻创意产品出口政策，至此，英国文化创意产业在政府的大力支持下，发展迅速，年平均增速达到 3%，超过德国和法国。2009 年，英国出台了《数字英国》等政府文件，引导文化创意产业数字化发展，卡梅伦政府专门成立了"创意产业委员会"，负责创意政策的落实和经费划拨。根据 2016 年英国文化、媒体和体育部公布的数据显示，IT、软件和电脑技术的出口额占整个产业出口额的 48.1%，英国政府对数字化文化创意产业的推动作用功不可没，创意产业逐渐与其他产业融合发展，边界越来越广。

法国是全球知名的文化大国，凡尔赛宫、卢浮宫是它丰富的文化遗产，无论戛纳电影节还是龚古尔文学奖都是法国文化创意产业欣欣向荣的最好例证。长期以来，法国政府对文化享有绝对的主导权，法国文化机构的资金由政府财政直接拨款，政府对文化设施和文化活动给予高额资金支持。1981 年，法国左翼政府上台后，文化政策成为国家经济发展战略的重要组成部分，文化部的资金预算成倍上涨。1983 年，《地方行政机构权限分配法》的出台造就了法国区域性特色文化发展体系。2010 年 9 月 22 日，法国文化与新闻部发布"文化数字化"工程，划拨 7.5 亿欧元，资助应用性数字化技术的基础性研究，推动文化创意产业的数字化发展。

日本的文化产业崛起于"二战"后的经济高速发展时期，随着动漫、影视、音乐等行业的快速发展，日本提出"文化立国"战略，通过对外输出日本文化产品从而宣传日本文化。1980 年，日本"文化的时代研究小组"发表了《文化的时代》报告书，提出"从经济建设为中心向重视文化建设的转变"。1995 年，《新文化立国：关于振兴文化的几个重要战略》发布，此后，日本政府对文化创意产业的关注度越来越高。2007 年，由时任内阁总理大臣的安倍晋三和内阁官房长官的盐崎恭久牵头组成"亚洲门户战略会议"，提出"亚洲门户构想"，提出针对亚洲国家的日本文化产业发展的重要举措和最新的战略思想详细内容。2009 年，日本数字内容协会发表《关于数字内容产业的市场规模和内容产业的结构变化的调查研究》报告书，其中强调以数字形式记录的数字内容。在"韩流文化"风靡东南亚之时，日本首先开展"酷日本"文化宣传活动，大力传播日本流行文化，从而提高对世界市场的吸附力，也由此看出日本在文化创意产业发展战略上的野心和战略意图。

韩国是继日本之后第二个提出"文化立国"的亚洲国家，文化产业是韩国的经济竞争力的"命门"。2004 年，韩国的文化产品份额占到世界总值的3.5%，成为全球第五大文化产业强国。2006 年，时任韩国总理李海瓒主持国务会议，专门讨论"韩流"的世界化问题，同年，韩国发布《动画产业中期增长战略》，与日本成为最直接的竞争对手。2013 年，韩国文化体育观光部和未来创造科学部联合发表了《韩国文化产业对外输出促进方案》，旨在大力推动韩国文化产品与服务"走出去"，以提高产业竞争力。

澳大利亚是一个典型的移民国家，形成了多元文化特色的创意产业体系。自 20 世纪 80 年代以来，澳大利亚的文化创意产业发展迅猛，联邦政府积极创造有利于文化创意产业形成和发展的税收环境，通过税收优惠政策激励文化产业增长。1994 年，澳大利亚联邦政府发布《创意国度：澳大利亚联邦文化政策 1994》，这是澳大利亚首个国家文化发展战略，也是世界上第一个将文化创意产业提升到国家层面的政府文件。1999 年，联邦政府宣布"政府促进艺术品出口计划"，推广澳大利亚文化，提升国家形象。2011 年 5 月 31 日，澳大利亚联邦政府发布《国家数字经济战略报告》，鼓励运用新型技术渗透文化创意产业，并开设"数字及新媒体文学创作津贴"和"数字文化基金"以吸引新媒体创作者。2013 年，《创意澳大利亚》的发布积极推动了文化与科技深入融合发展，数字文化产业将成为传统文化产业的替代者。

4. 总体评述

从产业革命的角度看，人类经历了四次工业革命。第一次和第二次工业革命主要通过蒸汽动力和电力改造劳动工具而提升生产力水平，第三次工业革命主要利用电子与信息技术实现劳动者和劳动工具协同的自动化程度，以及通过推广现代化管理来提升生产力水平。根据世界经济论坛创始人克劳斯·施瓦布的研究，在第四次工业革命中，人类采用数字技术、智能技术等，通过"数据 + 计算力"极大地提升了生产力。在文化产业领域中，数字产业革命的典型特征包括：通过智力革命突破劳动者的智力局限（如人工智能和人类智能混合的各种文化生产）、让劳动工具实现智能化（文化装备领域的工业机器人与智能化生产线）、提供前所未有的丰富体验（沉浸式体验和 5G 传输等）、以网络化与智能化改善生产与服务流程（流媒体及各种互动和柔性供应链等），加快释放产业升级的新动能。

20 世纪末以来，世界经济发展缓慢，各国都在寻找新的经济增长点，文化创意产业以其低能耗、高附加值等优势成为各国竞争的领地。党的十九大报告提出中国经济由"高速发展"向"高质量发展"转变，文化产业的发展质量也亟待提高，在重视文化产业规模的同时，要更加注重发展的质量。在知识经济时代，文化产业正在向我国的支柱产业迈进，对我国经济发展具有重要影响。虽然我国对文化产业的研究较晚，但是对文化产业竞争力、产业集群以及产业政策上的研究已经较为广泛和深入。我国的文化产业政策以政府主导为主，文化产业的发展依赖于政府政策。通过分析主发达要发达国家的文化产业政策，取其精华、去其糟粕，在政策制定上需要把握好政府管理与市场调控的关系，完善法律体系，保护原创，实现"文化＋"，推动文化产业与其他产业的融合发展，拓宽海外市场以提高文化产业的竞争力。"十四五"规划纲要首次明确了2035年我国建成文化强国的目标，要"实施文化产业数字化战略，加快发展新型文化企业、文化业态、文化消费模式"，这标志着我国文化与科技融合发展进入新的历史阶段。这是我国构建"以国内大循环为主体、国内国际双循环相互促进"新发展格局的时代要求，也是长三角一体化进程中，文化产业发展现状和产业升级的必然趋势。

二、长三角一体化进程中文化产业发展背景分析

1. 长三角经济带的区域一体化

长三角是我国东部沿海地区最重要的经济贸易区，也是沿海的经济核心，在全国占据重要的地位。2003年，"长江三角洲文化合作与发展"论坛在上

海举行，标志着长三角经济带的文化进入了自觉合作的时代。2008 年，《国务院关于进一步推进长江三角洲地区改革开放和经济社会发展的指导意见》正式提出长江三角洲地区包括上海、江苏和浙江。2016 年，《关于长江三角洲城市群发展规划》提出培育更高水平的经济增长极，发挥上海中心城市作用，推进南京、杭州、合肥、苏锡常、宁波等都市圈的同城化发展。2018 年，习近平总书记在首届中国国际进口博览会上发表主旨演讲时指出，将支持长江三角洲区域一体化发展并上升为国家战略。这为推进新时代长三角文化市场一体化、实现文化融合指明了方向。

2. 长三角文化产业的战略性地位

2017 年，文化部出台《"十三五"时期文化产业发展规划》，重点是促进文化产业转型升级，提高质量，以解决文化产业供不适需的问题，从而增加效益。这一时期是推动文化产业成为国民经济支柱性产业的决定性阶段。近年来，我国文化产业发展态势良好，2018 年文化及相关产业增加 38737 亿元，占 GDP 比重为 4.3%，继续向国民经济支柱性产业迈进。据统计，中国知识付费用户规模呈高速增长态势，2018 年知识付费用户规模超过 2.9 亿人，随着全民文化意识的提升和移动支付技术的发展，文化消费市场不断扩大。但是在文化产业总体营收规模不断扩大的同时，市场上高质量的文化产品供给呈现缺口。世界经济正处于新旧增长动能转换的关键时期，新一轮科技革命和产业变革蓄势待发，我国经济发展进入速度变化、结构优化和动力转换的新常态阶段，中国特色新型工业化、信息化、城镇化、农业现代化同步发展，"一带一路"建设、京津冀协同发展和长江经济带发展等国家重大战略深入实施,"文化+""互联网+"相互交融,文化产业发展空间更加广阔。[①] 但是,我国文化产业的整体规模还不够大,创新能力和竞争力不足,结构布局还需优化,文化产品和服务有效供给不足,高端人才相对短缺,政策和市场环境有待完善。

因此,我国文化产业发展正处于大有作为的重要战略机遇期,也面临着不少困难和挑战。站在新的历史起点上,要进一步坚定文化自信,坚持创新驱动,推动文化产业转型升级、提质增效,实现文化产业成为国民经济支柱性产业的战略目标。

三、长三角一体化进程中文化产业发展现状分析

长三角一体化发展是"三省一市"的共同使命,已由共识、共谋走向共同行动。区域的一体化发展激发了领域间前所未有的融合动力,长三角经济带文化产业的发展串联着多个领域的协同发展,以一元带多元,多元融合共生,进一步形成进步与发展的强大合力。

1. 长三角经济带的区位优势

长三角一体化能够促进区域内文化资源共享、人才优势互补和资金融通。首先,长三角一体化是长三角区域文化资源的融合,厚植于中华优秀传统文化丰沃土壤的江南文化,使长三角的城市有着区别于其他地区的文化特质,

---

① 文化部."十三五"时期文化产业发展规划〔J〕.青年记者,2017(14):38.

吴文化、越文化、海派文化、皖风徽韵……不同文化在长三角经济带"和合共生"，有力地推动了长三角区域文化产业的发展。其次，长三角一体化有利于长三角区域共享人才资源，培养优秀文化创作、经营方面的人才。文化产业人才短缺是制约文化产业快速发展的核心因素，高素质的创造型、复合型人才尤为短缺。最后，长三角一体化有利于文化产业资金融通，金融支持是文化企业做大做强的关键，融资难也是许多文化企业发展中面临的一大难题。2019 年，国家通过政策支持，让更多的资本流向文化产业和文化企业，改善了中小微文化企业的营商环境。长三角经济带总量在全国前列，区域内民营企业众多，在融资方面拥有得天独厚的资金资源，除地方政府可以从每年的财政拨款中向文化产业倾斜外，更多依靠民营资本和金融资本的支撑，更能够实现文化产业的融合发展。

随着信息技术的快速进步，数字文化产业发展迅猛，计算机以及高新技术承载的网络文化，加速了长三角经济带文化产业的融合。2019 年，5G 技术进入公众视野，文化产业的应用领域进一步延伸，鼓励发展数字经济是2019 年上半年文化政策的一大亮点。2019 年 5 月 16 日，中共中央办公厅、国务院办公厅印发《数字乡村发展战略纲要》，对数字乡村的建设进行体系化部署。自乡村振兴战略提出以来，长三角一体化为乡村振兴搭建了新平台，提供了新机遇。"三省一市"共同牵头，合作开展乡村振兴战略，浙江嘉兴与上海青浦签订战略框架协议，江苏苏州与上海嘉定签订战略框架协议。在上海金山与浙江交界地区、昆山与上海交界地区，有一系列超大型长三角"田园综合体"的"跨界"探索和实践。

文化产业园区是长三角文化产业一体化的良好载体。《文化部"十三五"时期文化产业发展规划》指出要加强文化产业区域布局，重点打造一批主业突出的文化产业园区和若干文化产业集群平台。① 文化产业园整合了区域间的文化、人才、资金、技术、市场等各项优质资源，通过空间集聚推动文化产业链延伸。据统计，截至 2018 年底，上海有 15 家市级文化产业园区、77 家市级文化创意产业集聚区；浙江已建成并实际运营的文化产业园区有 143 个，其中有 58 个重点文化产业园区，文化企业占园内总企业数的比例大于 60%，产值超过 5 亿元；江苏有超过 200 家文化产业园区；安徽园区数也达到了 54 个。"三省一市"文化产业园区内有良好的产业发展环境，有力的政策支持、制度保证和积极有效的协调机制，更好地发挥了集聚效应，加速了文化产业间的融合发展，培育了文化特色，打造了文化品牌。

文化市场一体化是长三角经济带一体化的基础和关键。"十三五"规划实施前半程中，长三角经济带已经实现了文化消费的全面嵌入，即将文化消费各类消费场所中，如旅游业、工业等产业，以上海为牵引，带动其他省市的文化娱乐建设。通过建立长三角经济带的要素市场、产品市场、服务市场，从而扩大文化市场的流通区域，统一的大市场有利于激发市场主体活力，有效扩大内需，增强整个区域文化产业的发展动力。长三角经济带是我国率先实现全面小康的发达地区，2018 年，长三角区域的文化产业的产值年增长率达 12.4%，新增产值在地区经济总量中比重超过 5%，在"十三五"时期的最后一年，文化产业已成为区域经济结构中的支柱产业。

"十三五"时期文化发展改革规划提出的 20 项主要指标总体进展顺利，在"四新"经济的驱动下，新技术、新产业、新模式、新业态引领了"文化＋"产业发展，持续促进文化产业结构升级和技术创新，采用数字化、智能化、绿色化的新型生产经营模式；持续支撑文化科技中心建设，提高科技

---

① 文化部．"十三五"时期文化产业发展规划［J］．青年记者，2017（14）：38.

成果转化能力及市场科技应用水平。在"互联网＋四新"背景下，不断推动文化和科技、旅游等相关产业融合发展，营造新兴产业和高科技产业氛围，抢占未来产业发展制高点。因此，"十四五"文化产业发展规划应深化文化科技融合，网络文化内容生产由用户生产内容（User‐Generated Content，UGC）向专业生产内容（Professionally‐Generated Content，PGC）和专业和用户共同生产内容（Professional User Generated Content，PUGC）发展，更加注重专业细分领域的内容生产和粉丝连接；运用新技术将科技成果渗透到文化创作、生产、传播和消费的各个环节；利用大数据精准地向用户推荐文化内容，使文化传播更加人格化和智能化。

2. 抓住数字化机遇的长三角文化产业

党的十九届五中全会明确提出了"繁荣发展文化事业和文化产业，提高国家文化软实力""要提高社会文明程度，提升公共文化服务水平，健全现代文化产业体系"的重大任务，并强调要实施文化产业数字化战略，加快发展新型文化企业、文化业态、文化消费模式。这些重要部署，对于引导和推动数字文化产业高质量发展，不断满足人民文化需求、增强人民精神力量具有重要的指导意义。

近年来，习近平总书记多次就文化产业发展做出重要指示。2020年9月17日在湖南考察调研时指出，文化和科技融合，既催生了新的文化业态、延伸了文化产业链，又集聚了大量创新人才，是朝阳产业，大有前途。在谋划"十四五"时期发展时，也强调高度重视发展文化产业。习总书记于2020年9月22日在《在教育文化卫生体育领域专家代表座谈会上的讲话》中指出，要顺应数字产业化和产业数字化发展趋势，加快发展新型文化业态，改造提升传统文化业态，提高质量效益和核心竞争力。在党中央的高度重视下，当前文化产业以创新驱动推进供给侧结构性改革，与数字技术协同推进、融合发展，新型业态蓬勃兴起，为产业高质量发展注入新动能，数字文化产业成为优化供给、满足人民美好生活需要的有效途径和文化产业转型升级的重要引擎。

根据最新发布的《中国互联网络发展状况统计报告》，截至2020年12月，我国网民规模已达9.89亿人，互联网普及率达70.4%。回顾新冠肺炎疫情期间，数字文化产业异军突起、逆势上扬，在疫情防控和经济社会发展中发挥了积极作用，在抗击疫情中形成的新业态、新模式，展现出强大的成长潜力。展望未来，互联网和数字技术的广泛普及、网民付费习惯的养成、超大规模的市场优势，都为数字文化产业发展提供了广阔空间，数字文化产品的消费潜力和市场价值将得到进一步释放，为文化产业实现高质量发展注入澎湃新动能。

当然，我国数字文化产业还面临数字化水平不高、供给结构质量有待优化、新型业态培育不够、线上消费仍需培养巩固、数字化治理能力不足等新问题。在文化产业和数字经济融合发展迈向新阶段的时代背景下，我们要坚定文化自信、坚持守正创新，以丰富数字文化产品和高品质文化服务的有效供给，增强人民群众的文化获得感、幸福感。

守正，就是要把握正确导向，坚持以社会主义核心价值观为引领，把社会效益放在首位，实现社会效益和经济效益相统一；坚持内容为王、质量为先，弘扬优秀的数字文化和培育社会主义核心价值观，更好地引领社会风尚；充分发掘文化资源，提高数字文化产业品质，把文化产业的高附加值、高融合性、高渗透性和低资源消耗的产业价值属性充分挖掘出来，通过技术手段将多元文化、传统文化、文化品牌和文化价值符号等要素进行创造性叠加，讲好中国故事，展示中国形象，弘扬中国精神。要培育和塑造一批具有鲜明中国文化特色的原创IP，加强IP开发和转化，充分运用动漫游戏、网络文学、网络音乐、网络表演、网络视频、数字艺术、创意设计等产业形态，推动中华优秀传统文化创造性转化、创新性发展，继承革命文化，发展社会主义先进文化，打造更多具有广泛影响力的数字文化品牌。

创新，就是要坚持创新在产业发展中的核心地位，深入实施创新驱动发展战略，提高自主创新能力，推动内容、技术、模式、业态和场景创新；落实国家文化大数据体系建设部署，共建、共享文化产业数据管理服务体系，促进文化数据资源融通融合。把握科技发展趋势，集成运用新技术，创造更多产业科技创新成果，为高质量文化供给提供强有力支撑；推进数字经济格局下数字文化旅游、数字影视、数字动漫、数字游戏等新模式快速发展，促进文化产业与数字经济、实体经济深度融合，构建数字文化产业生态体系。

长三角抓住数字化机遇推动文化产业高质量发展，是一个经济与社会、文化与科技不断融合、发展和演化的过程，需要在微观创新、文化发展、产业边界、创新设计等领域实现"文化＋科技"的作用，从而更好地推动文化产业融合倍增效应，增强其创新能力。这就需要推动文化产业数字化全要素价值链融合，即以提高发展质量和效益为中心，以供应链与互联网、物联网深度融合为路径，以信息化、标准化、信用体系建设和人才培养为支撑，创新发展文化产业链、供应链、价值链理念、新技术、新模式，高效整合各类资源和要素，积极提升文化产业集成和协同水平，合力打造大数据支撑、网络化共享、智能化协作的文化产业智慧供应链创新和共享经济平台，培育发展一批共享经济骨干和示范文化企业，培育新增长点，形成新动能和新发展。

建立完善多层次治理机制是推动文化产业数字化的重要保障。要在技术创新支撑下，加快建立由主体企业、政府、大学与科研机构、金融及中介机构等构成的多维层次结构。其中，文化企业是治理机制的核心层，其他多维层次则构成了支撑层。要培育一批具有较强核心竞争力的大型数字文化企业，引导互联网及其他领域龙头企业布局数字文化产业；支持"新技术、新业态、新模式"企业发展，扶持中小微数字文化企业成长；发挥产业孵化平台和龙头企业在模式创新和融合发展中的带动作用，通过生产协作、开放平台、共享资源等方式，带动上下游中小微企业发展。通过各主体的良性互动，形成高效治理的层次结构，可以有效提高数字化创新能力，有效调节国家的文化科技资源、人力资源和创新资源，形成不同层面的文化产业数字化创新主体，提升整个文化产业的创新能力。

3. 长三角文化科技融合的趋势及问题

工信部中国信息通信研究院发布的《中国数字经济发展白皮书（2020年）》显示，我国数字经济增加值规模由 2005 年的 2.6 万亿元扩大到 2019 年的 35.8 万亿元，数字经济占 GDP 比重逐年提升，在国民经济中的地位进一步凸显。2005～2019 年我国数字经济占 GDP 比重由 14.2% 提升至 36.2%，2019 年占比同比提升 1.4 个百分点。2020 年 9 月 22 日，习近平总书记在《在教育文化卫生体育领域专家代表座谈会上的讲话》中指出："衡量文化产业发展质量和水平，最重要的不是看经济效益，而是看能不能提供更多既能满足人民文化需求，又能增强人民精神力量的文化产品。要坚持把社会效益放在首位、社会效益和经济效益相统一，深化文化体制改革，完善文化产业规划和政策，不断扩大优质文化产品供给。要顺应数字产业化和产业数字化发展趋势，加快发展新型文化业态，改造提升传统文化业态，提高质量效益和核心竞争力。要围绕国家重大区域发展战略，把握文化产业发展特点规律和资源要素条件，促进形成文化产业发展新格局。"从近几年的文化产业公开数据和国家领导人的讲话中可以看到，地区在娱乐、影视、出版、文创等众多方面都取得了可喜的成绩，但与全球城市群文化产业科技融合程度径向对比可以发现，文化与科技尚存一些困难和挑战。

（1）文化企业发展中政策错配问题。在诸多文化企业成长的过程中，其实很多文化企业早已瞄向数字化和科技网络的双翼作用，国家层面也大力提倡文化产业的创新发展，提出要推进文化产业转型升级，推进文化科技创新，研发制定文化产业技术标准，提高技术装备水平，改造提升传统产业，培育发展新兴文化产业。不管是帮扶激励政策还是对症下药的理论指导，这些"上层"良剂拟定后，需要作为市场主体的企业具体落实。但国内不少文化企业最大的底气在于政策保护和财政支持，因此也就不会有太强的危机感，他们习惯于走政策捷径，不喜欢做市场调研，对数字化的转型升级要么消极等待，要么贸然投资。人民搜索（即刻搜索）的高调面世与黯然告别，体现了文化产业数字化过度依赖行政力量导致市场定位不明、市场环境不适应和技术积累不足，是严重忽视市场力量的典型案例。文化企业遵循国家发展数字化的宏观环境固然正确，但政策的意义只是对行业发展起到指引、服务、监督等作用，政策有其滞后性，政策不可能根据瞬息万变的市场反应而随时调整。身为数字化升级转型最前沿的长三角文化企业，如果不去聚焦市场的需求，不去思考如何通过各种创新在竞争中壮大发展，却都等着国家的政策与资金，那么文化与科技融合只能成为一句空口号。

（2）文化类从业者"数字化"思想认知升级缓慢。文化产业的数字化升级意味着产业与科技、互联网的融合发展，而在互联网从业者看来，很多传统行业在融合发展中是处于被动局面的，逻辑很简单，落后的生产力不可能主导融合先进的生产力。没有适合新形势的商业模式，企业就没有好的前景，陷入危机不可避免，这是很正常的商业逻辑。但在现实中，有不少的文化产业从业者对这种产业的升级换代重视程度不够，看不清局势，盲目乐观，只看当下不看未来。他们总认为改变不会发生得那么迅捷，而且改变就伴随着不确定性，不如聚焦于把传统模式下的政策、资金等红利"吃得一口不剩"，故而对未来的数字化规划不够重视甚至束之高阁。本书在长三角调研中发现，很多中小型数字文化企业业务简单，缺乏合适的算法模型，没有海量的数据来源，硬往数字化大数据等热点上凑，搞一些花里胡哨的可视化，生产一些"智能产品"，几乎没有实际意义。如果企业的决策层总是做这样的一些尝试，团队就会产生误解：数字化没有什么实际用处，都是华而不实的。而还有一些文化类型企业，认为数字化只是一个"工具"，文化产业的数字化升级转型不可能通过一个技术或者一款软件就能够完成，只有对文化产业链中的业务模式、组织架构、产品与服务进行系统性、精准性的重新定义，才能够真正实现数字化转型。所以文化科技产品需要一个技术和文化的高效团队，腾讯智影团队与腾讯顶尖技术团队共同攻克5G跨国传输、云剪辑、AI剪辑等难题，逐步形成智慧制片、拍摄、后期、播映等一系列解决方案，以科技化为切入点，推动影视工业化的发展，良好地做到了传统影视生产从单点数字化步入全面数字化。

（3）长三角一体化进程重构文化产业虚实结构。2020年国际社会经历了新冠肺炎疫情，世界经济遭受了重创，实体经济被迫按下了暂停键，而数字经济成为其中获益最多的一部分。长三角在正面与疫情交锋的同时，数字化类型的产业成为后疫情期间经济复苏的重要保障。物理世界和虚拟世界的融合，打破传统文化产业的现实法则，带来文化产业运行规则和新玩法。再如，坐落在上海的哔哩哔哩动画公司（B站），旗下虚拟主播、虚拟歌手、虚拟UP主等成为当下火热的文化商业现象，同时引起了线上线下用户群孕育如"宅文化""破圈文化""御文化"等新的文化价值观，这是一次对传统文化的解构，也是对青年消费文化的重新定义。B站以二次元为框架，通过数据与标签的挖掘，建立起了强大的兴趣网络。B站文化是对当下时代文化的解构与重新定义，同时也重构了文化产业由"实"转"虚"的过程。

第二章 长三角一体化进程中文化产业识别及特性研究

文化产业以其高附加值、高融合性、低资源消耗的产业属性，在推动地区经济发展、促进产业结构转型升级、推动全面建成小康社会等方面发挥着重要作用。长三角经济带文化产业在全国始终处于第一方阵，但对其发展状况及特性等方面，缺乏一个全面的直观认识。本章先对长三角经济带的文化产业进行识别，对其发展现状进行全面的认识，进而对长三角一体化进程中文化产业的特性进行概括与梳理，有助于对长三角一体化进程中文化产业有更清晰的了解。

一、长三角一体化进程中文化产业识别及发展现状

1. 长三角文化产业的范畴、领域和阶段

从国内外的官方文件对文化产业的界定来看，文化产业以其高附加值、

高融合性、低资源消耗的产业属性，在推动地区经济发展、促进产业结构转型升级、推动全面建成小康社会等方面发挥着重要作用。文化产业的协同发展为长三角一体化格局的形成提供认同基础、精神动力和竞争优势，实现文化的协同发展成为长三角区域一体化的重要举措。

我国的文化产业伴随着1978年的改革开放而产生，并随着文化体制改革而发展起来，在不同时期其内涵也发生着改变。2000年党的十五届五中全会将文化产业正式列入中国国民经济和社会发展战略的重要组成部分。2003年，中宣部与国家统计局等部门共同开展了文化产业统计课题研究。2004年，《文化及相关产业分类》出台，第一次明确了我国文化及相关产业的统计范围、层次、内涵和外延。2012年经修订的《文化及相关产业分类（2012）》首次提出了文化创意和设计服务分类，具体包括广告服务、文化软件服务、建筑设计服务和专业设计服务。2018年4月，最新修订的《文化及相关产业分类（2018）》规定的文化及相关产业是指为社会公众提供文化产品和文化相关产品的生产活动的集合。主要覆盖：①以文化为核心内容，为直接满足人们的精神需要而进行的创作、制造、传播、展示等文化产品（包括货物和服务）的生产活动。具体包括新闻信息服务、内容创作生产、创意设计服务、文化传播渠道、文化投资运营和文化娱乐休闲服务等活动。②为实现文化产品的生产活动而所需的文化辅助生产和中介服务、文化装备生产和文化消费终端生产等活动。将原来的10个大类、50个中类调整为9个大类、43个中类，新增加了符合文化及相关产业定义的活动小类，将文化及相关产业划分为文化核心领域和文化相关领域，如图2-1所示。

从2018年至今，文化产业相关领域发生了很大的变化：组建了新的文化和旅游部，并调整了媒体、知识产权等领域的归属部门，在不少市级以下政府内，文化、旅游、广电、体育等部门已经合并成为一个部门；《第十四个五

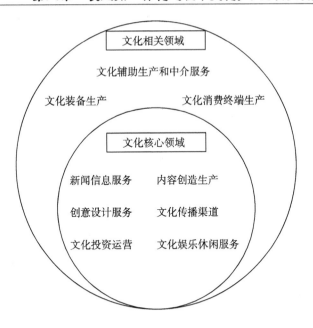

图 2-1　文化产业涵盖的行业类别

年规划和 2035 年远景目标纲要》颁布，文旅部也推出《"十四五"文化和旅游发展规划》《"十四五"文化产业发展规划》，这些文件中体现出很多崭新的发展构思，文化对各个行业的渗透已成为常态；各界对文化的事业属性与产业属性理解不断加深，对文化产业发展的规律有了更深入的洞察；各个行业愈发重视融合的发展理念，类似"媒体＋电商""文化＋科技"的概念比比皆是，产业的边界日趋模糊。

根据国家《文化及相关产业分类（2018）》行业分类，罗列了部分长三角经济带具有代表性的文化上市企业，如表 2-1 所示。

文化产业是文化创意产业的前身，文化创意产业脱胎于文化产业。随着我国经济结构的调整以及低端制造业转型升级的迫切需要，我国文化产业由初级形态向数字化、网络化、移动化的文化科技一体化升级，文化产业逐渐

表 2-1　长三角经济带代表性文化上市企业

省市	文化上市企业
上海市	中视传媒
	新华传媒
	上海电影
	风语筑
	力盛赛车
	新文化
	东方明珠
	汉得信息
	东方财富
浙江省	祥源文化
	横店影视
	华数传媒
	华媒控股
	慈文传媒
	美盛文化
	华谊兄弟
	宋城演艺
	利欧股份
江苏省	凤凰传媒
	视觉中国
	长城影视
	幸福蓝海
	国旅联合
	三六零
	朗新科技
	宝通科技
	众应互联
安徽省	科大讯飞
	中电兴发
	皖通科技

续表

省市	文化上市企业
	三七互娱
	科大国创
安徽省	时代出版
	皖新传媒
	精工钢构

升级为文化创意产业，这是相对传统的文化产业发展创新的更高形态，有其逻辑的必然性。我国文化创意产业尚未形成国家战略高度的统一认识，各个城市和区域的认定和统计方法有所不同。上海市根据自身特点与发展需要，颁布了《上海市文化创意产业分类目录（2011）》，认为文化创意产业是指以人的创造力为核心，以文化为元素，以创意为驱动，以科技为支撑，以市场为导向，以产品为载体，以品牌为抓手，综合文化、创意、科技、资本、制造等要素，形成融合型的产业链，融合文化产业与创意产业发展的新型业态，并将文化创意产业划分为媒体业、艺术业、工业设计业、建筑设计业、网络信息业、软件与计算机服务业、广告及会展服务业、咨询服务业、休闲娱乐服务业与文化创意相关产业。

从长三角的政策阶段来看，"长三角一体化"战略构想早在1982年就已提出，"长三角一体化"相关政策论证逐步开展，在政策导向的强力推动下，大文化行业的区域合作进一步深化，包括科、教、文、卫四个领域，存在交叉联动。作为一项国家任务，文联、作协、广电局、曲艺院团、国有电视台、国营文化企业全面参与具体实施，从目前已经落地的项目来看，主要包括新闻报道、节目创制、文化科技、演艺演出等。而长三角、珠三角和京津冀作为国家战略重点发展产业集群，其最大的相同点是创新集群，这是文化产业发展的高地，"区域一体化"中聚集着产业发展所必需的基础设施、人才、技术、资本以及包容性的生态环境，可以促进专业化供应商网络的形成、劳动力市场的共享以及知识外溢。知识传播具有在空间上集聚的特点，知识外溢的地理边界可能就在知识诞生地所在的那个区域。数字文化产业能否产生知识外溢，是学界与业界探讨的前沿话题。近年来，区域一体化逐渐突破行政边界，加速了文化与技术的流通与共享。在长三角、珠三角、京津冀城市群发展文化产业的数字背景下，越来越多的隐性知识（信息）将被转化为可编码的显性知识（信息），从而加快文化与技术的流通与共享。数字文化产业将知识信息显性转化，通过上游与下游、硬件与软件、生产与消费的协同创新，进行专业化与个性化的文化产品与服务生产。三大城市群立足于创意设计、文化科技、艺术创作等的创新与创意集群，创造新知识、新模式，弱化对文化资源的依赖程度，打造显性数字文化资本，形成了创新集群品牌，并且集群之间出现了同步发展、组合式发展的态势。

所以，长三角一体化加快了城市创新引擎、城市群创新集群和产业价值互惠共生，并且文化产业内外部部门实现了产业互联、分工协作，创造了广阔的空间。以电竞文化为例：作为全国电竞产业发展的重镇，上海提出了建立"全球电竞之都"，鼓励长三角数字游戏产业一体化发展。在大力发展新基建的背景下，上海未来的方向在于，打破以单一游戏产品为核心的发展模式，转向以游戏IP和游戏科技为中心，培育由多组团构成的游戏产业生态，加快技术扩散，引领游戏产业升级，创造出游戏新集群。

2. 长三角文化产业发展状况

基于相关统计年鉴数据，从产业总体规模、文化总体消费、固定资产投资、文化企业等方面对长三角文化产业发展现状进行分析和阐述。

（1）产业总体规模。长三角三省一市文化产业增加值从 2015 年的

8333.8 亿元增至 2017 年的 10351.2 亿元，占全国文化产业增加值总量的比重始终维持在 30% 左右，年均增速为 11.46%，如表 2 - 2 所示。

表 2 - 2　2015 ~ 2017 年长三角和全国文化产业增加值情况

文化产业	2015 年		2016 年		2017 年		增加值年均增速（%）
	增加值（亿元）	占 GDP 比重（%）	增加值（亿元）	占 GDP 比重（%）	增加值（亿元）	占 GDP 比重（%）	
全国	27235	4.02	30785	4.14	34722	4.23	12.91
上海市	1632.7	6.50	1861.7	6.61	2081.4	6.79	12.91
江苏省	3481.9	4.97	3863.9	4.99	3979.2	4.63	6.98
浙江省	2385.5	5.56	2745.6	5.81	3202.3	6.19	15.86
安徽省	833.7	3.79	976.3	4.00	1088.3	4.03	14.29
长三角经济带	8333.8	30.60	9447.5	30.69	10351.2	29.81	11.46

资料来源：根据《中国文化及相关产业统计年鉴（2018）》相关数据得出。

江苏省在文化产业规模上处于绝对优势，但其年均增速在"三省一市"中最低。上海市文化产业增加值占该市 GDP 的比重最高，已成为该市支柱产业之一。浙江省文化产业增加值的年均增速最快。安徽省文化产业规模在"三省一市"中相对薄弱，虽然其增速高于全国文化产业的增速，但其增加值只占该省 GDP 的约 4%。

（2）文化总体消费。长三角经济带居民文化消费能力不断提升，除安徽省外，上海市、江苏省和浙江省的人均文化娱乐消费支出远高于全国水平，其中上海市表现最好，其年均增长率（12.60%）比全国（5.75%）高 6.85 个百分点，2017 年上海地区人均娱乐消费支出突破 3000 元大关。安徽省是"三省一市"中居民文化消费水平最低的，由于基础薄、底子弱，该地区居民文化消费水平与其他省市差距较大，还达不到全国的平均水平，如表 2 - 3 所示。

表2-3　2015~2017年长三角和全国人均文化娱乐消费支出

人均文化娱乐消费支出	2015 年（元）	2016 年（元）	2017 年（元）	年均增长率（%）
全国	760.1	800.0	850.0	5.75
上海市	2372.8	2638.2	3008.0	12.60
江苏省	1266.7	1311.8	1399.0	5.10
浙江省	1093.0	1209.2	1190.0	4.52
安徽省	412.4	511.7	544.0	15.20

资料来源：根据《中国文化及相关产业统计年鉴（2018）》相关数据得出。

（3）固定资产投资。长三角经济带文化产业在固定资产投资方面保持了年均6.81%的增长速度，低于全国平均增速，尤其是上海市，文化产业固定资产投资出现了负增长，浙江省文化产业的固定资产投资的年均增速在"三省一市"中最大，但仍低于全国平均增速，这在一定程度上反映出长三角经济带文化产业发展可能更加依靠"软创新"而非"硬投资"，如表2-4所示。

表2-4　2015~2017年长三角和全国文化产业固定资产投资

文化产业固定资产投资	2015 年（亿元）	2016 年（亿元）	2017 年（亿元）	年均增长率（%）
全国	28898.0	33712.9	38280.2	15.10
上海市	196.0	213.3	194.1	-0.09
江苏省	2641.2	2824.3	2920.2	5.16
浙江省	1442.3	1659.8	1752.1	10.32
安徽省	1173.4	1462.8	1334.2	7.94
长三角经济带	5452.9	6160.2	6200.6	6.81

资料来源：根据《中国文化及相关产业统计年鉴（2018）》相关数据得出。

（4）文化企业。长三角经济带在全国十大文化产业上市公司中占4席，创造了全国文化产业一大批"第一"和"最佳"的纪录。诞生了中国第一个国家对外文化贸易基地、第一个国家级文化产权交易所、第一个国家级国际艺术节等，诞生了中国电影上市公司第一股、旅游演艺上市公司第一股、电视剧企业上市公司第一股等，成为全国文化产业的"排头兵"。

根据前文文化产业的分类，如表2-5所示，在文化产业法人规模方面，江苏省和浙江省、上海市和安徽省形成两个梯队，前两个地区在2018年均已突破15万家，后两个地区在2018年都还不足9万家，在文化产业从业人员方面也出现相似的特征。长三角"三省一市"文化产业发展较为稳定，其营业收入占全国文化产业营业收入的1/3左右，可谓在文化产业发展上走在全国前列。

表2-5 长三角"三省一市"文化产业法人单位状况

文化产业	2008 年			2013 年			2018 年		
	法人单位数（万个）	从业人员（万人）	营业收入（亿元）	法人单位数（万个）	从业人员（万人）	营业收入（亿元）	法人单位数（万个）	从业人员（万人）	营业收入（亿元）
全国	46.1	1008.2	27244.3	91.9	1760	83743.4	210.3	2055.8	130185.7
上海市	2.9	47.4	2459.9	3.9	71	7763.2	4.47	68.9	11080.2
江苏省	3.7	78.2	2551.5	9.5	193.1	11101.8	21.2	233.5	15927.2
浙江省	4.4	87.2	2334.2	8.6	134.3	6580.7	15.4	140.3	12237.3
安徽省	1.3	23.1	376.8	3.5	51.1	2251.6	8.1	68.2	3949
长三角"三省一市"占全国的比重（%）	26.80	23.40	28.35	26.80	23.40	28.35	27.69	25.54	33.07

注：2008年数据来自第二次全国经济普查，统计范围为2004年《文化及相关产业分类》规定的行业范围；2013年数据来自第三次全国经济普查，统计范围为2012年《文化及相关产业分类》规定的行业范围；2018年数据来自第四次全国经济普查，统计范围为2018年《文化及相关产业分类》规定的行业范围。

（5）存在的问题。在长三角一体化进程中文化产业的发展仍存在亟待解决的问题：

1）文化产业的兼容性不够。长三角经济带存在着文化的独立性问题，尚未较好地形成文化的兼容和融合。因此，长三角经济带需要加大文化资源挖掘、文化要素整合，把文化产业的高附加值、高融合性、高渗透性和低资源消耗的产业价值属性挖掘出来，实现跨"三省一市"文化资源的有效配置。

2）文化产业的创新能力不足。虽然文化产业的硬件建设成效显著，但文化产业创新能力还需持续提高。长三角经济带应该合理引导文化产业与数字科技的有效融合，促进数字科技成为文化产业发展新动能。

3）文化产业的同质化问题严重。长三角经济带文化产业主体数量多，各主体之间同质化现象严重，特色不够鲜明，各文化创新产业园区缺乏自身的优势产业和特色产业，空置率高，产业链条无法整合。

4）文化产品的市场拓展能力不强。文化产品传播方式滞后，缺乏具有全球引领性的文化创造力、文化影响力与辐射力。

5）文化产业的制度建设不完善。在文化产业立法上，文化产业发展系统的长效应急机制、相关文化产业法律条例不够完善。在文化产业政策上，政府要引导文化产业发展，制定相关文化产业政策，鼓励有发展前景的文化企业更好地发展。

总之，长三角凭借良好的区位条件和经济优势以及丰厚的历史文化底蕴，文化产业发展水平始终居于全国前列，基本形成了文化与创意、文化与科技相融合发展的特色文化产业发展模式，新闻出版、广播影视、原创动漫、网络游戏以及文化旅游等重点门类在全国均具有较大的知名度和影响力。目前，长三角经济带的文化产业竞争已经呈雁形方阵展开，初步形成群雄崛起、错落有致的差序化发展格局。

二、长三角一体化进程中文化产业属性研究

1."江南文化"特色鲜明

长三角经济带之所以可以率先实践一体化发展，有其内在的基础、内在的需要和内在的动力，其背后是更深层次的历史文化积淀，即覆盖"三省一市"区域，有着悠久历史，具有鲜明特征的江南文化。重工商经济的江南文化，激发了长三角各地民营企业的发展和创新活力；重对外包容的江南文化，促进了长三角各地的对外开放和融入全球；重合作诚信的江南文化，让长三角经济带的跨区域合作丰富多彩、不断深化。江南文化以勤劳、诚信、精致、和谐、柔韧与新潮为标志，发达的文化催生出发达的文化产业。新时代，江南文化产业要满足人们对"高品质"的追求，创新产品、拓展内容、提升品牌，推进商业模式创新与生产方式创新；要注重产品创新，延展产品链，促进三次产业融合，重视文化产品的内容创新，促进文化的传播与传承。

与经济欠发达地区相比，长三角雄厚的经济实力为区域文化建设提供了坚实的物质基础。与其他经济和文化协调发展水平较低的区域相比，集聚着世界一流文化人才和团队的长三角，拥有其他地区不具备的视野和优势。江南文化是长三角共同的传统文化资源，重振江南文化有利于解决长三角内部的文化冲突。未来，长三角经济带应以江南文化为基础，加强对沪、苏、浙、皖四地文化产业的整合与创新，推动文化产业创新联动，促进长三角经济带经济一体化发展。要坚持专业化、特色化发展，充分利用现有的文化资源和

文化产业，扩大文化品牌效应，形成城市文化名片，打造具有鲜明特色的江南文化产业聚集区。要重视江南文化产品价值实现路径的拓展，将江南传统文化嵌入长三角创意经济发展，推动文化与产业的互动发展。要推动文化产业的智能化、科技化和高端化，建立文化产业和科技融合发展的平台。

当今社会已进入知识经济时代，一个地区的发展需要崇文好学的良好风尚，需要高素质的公民。按照国际上的通行标准，一个地区的综合竞争力不仅包含这个地区的经济结构、基础设施、生产力水平、教育投入等定量化的硬性指标，更重要的是还包括这个地区的公民素质以及一种凝聚力量的价值体系，即人文精神。支撑经济发展的，不仅是科技与机制，也是一种文化素养，而江南文化崇文好学的人文传统，不仅使长三角古往今来成为人才辈出之地，而且这片热土又强烈地吸引着来自海内外的投资者，为长三角经济圈产能升级和加快国际化进程提供卓越的智力支持。江南文化是构筑中华民族"精神家园"的重要组成部分，立足当下、展望未来，研究好、传播好江南文化，使江南文化成为凝聚人心、推进社会进步和发展的重要力量，对长三角区域协同发展具有非常重要的现实意义和文化价值。

2. 产业"服务化"倾向凸显

近年来，我国长三角经济带文化产业发展呈现出"服务化"趋势。根据我国统计局数据，长三角经济带的第三产业比重呈现逐年上升的趋势，第一产业和第二产业呈现逐年下降的趋势。其中，上海地区的第三产业比重最高，由2010年第三产业占比57.28%上升到2019年的72.73%，成为该地区最重要的产业。浙江省、江苏省和安徽省第三产业占比也在不断提高，2019年第三产业占比均超过了50%。

具体来看，长三角经济带的文化产业固定投资规模在逐年增加，且长三角经济带文化产业固定投资规模是全国文化产业固定投资规模的重要组成部分。以 2017 年为例，全国文化产业固定资产投资规模占全社会固定资产投资比重为 6.0%，而长三角经济带文化产业固定投资规模占全社会固定资产投资比重就已达到 4.9%。其中，安徽、江苏、浙江的文化产业固定投资规模占全社会的比重均在 5.5% 以上；上海的文化产业固定投资规模热度不高，占全社会固定资产投资的比重仅为 2.3%。从文化产业法人单位数来看，长三角地产的文化服务业法人单位数占该地区的文化产业法人单位总数比重逐渐提高，并占据了主要的位置，而文化制造业法人单位数所占的比重呈现下降的趋势。其中，上海 2012 年文化服务业法人单位数占该地区文化产业法人单位总数比重为 65.9%，而 2017 年该地区文化服务业法人单位数所占的比重增长到 73.8%，文化制造业法人单位数所占的比重仅为 9.0%；2012～2017 年江苏文化服务业法人单位数占该地区文化产业法人单位总数比重由 58.8% 上升到 64.3%，而 2012～2017 年江苏的文化制造业法人单位数所占的比重从 24.2% 下降到 19.7%；2012 年浙江文化服务业法人单位数占该地区文化产业法人单位总数比重为 47.7%，而 2017 年该地区文化服务业法人单位数所占的比重增长到 48.2%；2012～2017 年江苏文化服务业法人单位数占该地区文化产业法人单位总数比重由 69.2% 上升到 77.3%，而 2012～2017 年该地区文化制造业法人单位数所占的比重由 16.7% 下降到 10.8%。

通过分析中国文化产业政策，长三角经济带的文化产业政策侧重于文化旅游、电影产业和动漫游戏等文化服务业，因此，长三角经济带文化产业逐渐向"服务化"侧重。2016 年 11 月 7 日，第十二届全国人民代表大会常务委员会第二十四次会议通过了《中华人民共和国电影产业促进法》，该法案的主要目的是促进电影产业的健康繁荣发展，丰富人民群众精神文化生活。同时，该法案针对在我国境内从事电影创作、摄制、发行、放映等活动，规范了电影市场秩序，并引导相关文化产业专项资金和基金加大对电影产业的投入，促进文化产业向"服务化"发展。2017 年，长三角经济带各省市文化厅同时正式出台了《"十三五"时期文化改革发展规划》。该规划明确，长三角经济带制定了文化产业相关政策，需尽快加快构建公共文化服务体系，将文化产业"送"到群众家门口；发展各省市特色文化，保护当地珍贵文物，促进各省市旅游文化产业和文博创意产业发展；大力提升省市内文化产业总体实力，并与其他产业融合，实现社会资源合理配置；加大对外文化交流，加强各省市文化产业和其他国家文化产业文化合作交流，学习外国文化产业的优秀之处，提高各省市的文化产业的实力以及影响力；全力培养各省市文化相关产业的人才，建立文化产业人才保障机制；加强文化产业的法治建设，促进文化产业构建规范的发展体系。以上海为例，2018 年上海陆续发布了促进动漫游戏产业发展实施办法、促进网络视听产业发展实施办法、促进演艺产业发展实施办法、促进艺术品产业发展实施办法和促进影视产业发展实施办法。通过开展各项实施办法，上海鼓励文化企业开展各项文化服务业，为文化服务业的健康发展提供政策支持，同时，相关政策也为当地文化产业进行规范管制，促使文化产业向"服务化"合理化发展。2019 年，在《长江三角洲区域一体化发展规划纲要》中，推动文化旅游合作发展被列入其中。内容指出，继续举办长三角国际文化产业博览会，通过博览会的形式向外界展示长三角经济带整体文化形象，增强长三角文化产业的影响力。

因此，在长三角一体化进程中，长三角经济带文化产业向"服务化"趋势发展。国家和长三角经济带出台文化旅游、电影产业、文物保护等相关文化产业政策，实行文化产业的管制规范，引导文化产业向"服务化"发展。

3. 产业集聚程度日益增强

伴随着长三角区域一体化的推动，长三角经济带文化产业集聚程度逐渐增强，主要原因是该区域受到自然地理、社会经济、交通设施和高素质人才四个方面的影响。从自然地理条件来看，长江三角洲位于中国海岸线的中东部地区，属于长江下游，而上海是长江的入海口，东临黄海、东海，河海交汇，地理位置非常优越，适合水上或海上运输。而且，长三角经济带四季分明，气候宜人，环境优美，适合人类居住；幅员辽阔，地势相对平坦，土壤营养含量高，质量肥沃，适宜当地农业和现代社会生活的发展。从社会经济条件来看，上海作为中国超一线城市，是中国的金融中心，同时也是中国重要的贸易、航运、会展等中心之一。浙江和江苏与上海相接，都是我国重要的经济发达大省，具有各自的经济特色。浙江经济发展以民营经济为主，民营经济规模占据很大的比例，而江苏经济的集体经济比重较大。安徽地跨长江，是我国农业生产的大省，也是我国从事农产品生产、农产品加工、原材料、加工制造业等行业的重要省份。从交通设施条件来看，长三角经济带的交通设施非常完善和便利，具有机场、铁路、海港等海陆空交通和城市交通。上海交通设施条件非常完善，城市轨道交通共有13条，上海虹桥综合交通枢纽首次将高铁和机场融合，是目前全球最大的综合交通枢纽。浙江、江苏和安徽同样具有完善的公路、铁路、航空、航运系统。从高素质人才条件来看，高素质人才的集聚是长三角经济带文化产业集聚的重要原因。上海拥有10所"211"工程重点建设高校，其中4所为"985"工程高校。江苏拥有11所"211"工程重点建设高校，其中2所为"985"工程高校。浙江拥有1所"211""985"工程重点建设高校。安徽拥有3所"211"工程重点建设高校，其中有1所为"985"工程高校。重点建设高校向长三角经济带培养了高质量、高素质的人才，每年都为文化产业输送相关高素质的人才，促进文化产业的发展，加强了长三角经济带文化产业的集聚效应。

当前，长三角各地区开发了具有特色的文化产业创意基地或者文化产业园区，为文化产业集聚的加深提供了坚实的基础。根据调查，上海和浙江是文化产业园区的主要集聚地。上海8号桥创意园区集聚了170多家文化创意公司，吸引了大量的高质量人才。田子坊文化产业园区是由完整的历史街区改造而成，具备了建筑文化、文化艺术、里坊风貌、时尚文化和休闲文化五大文化特色。M50创意园原身为上海春明粗纺厂，现在已经集聚了140多家画廊、工作室、高等艺术教育和文化创意机构。张江文化创意产业园区作为国家级文化产业示范园区，与文化科技相融合，截至2017年，文化创意企业总数达643家，园区产值过亿的文创企业达40家。2020年上海松江开建长三角国际影视中心，此前松江已经集聚了一批影视园区，包括上海影视乐园、胜强影视基地、仓城影视文化产业园区。该长三角国际影视中心将会极大地促进影视全产业链的完善，响应长三角一体化的发展战略。浙江省杭州创意设计中心、LOFT49创意产业园、丝联166创意产业园和A8艺术公社原本是20世纪遗留下来的老工厂，但是经过改造，吸引了大量的文化创意企业入驻和优秀文化创意人才创业。这样一来，创意产业园区不仅为老房子注入了新的生命力，而且还为文化创意企业提供了生存空间。江苏和安徽的文化创意产业园区相对少些，但是都开发了影视文化创意产业园。其中江苏无锡国家数字电影产业园是部省共建的国家级园区，以"科技拍摄"和"数字拍摄"为核心，集聚了大批知名的影视文化企业，比如星皓影业、爱奇艺顶尖企业，完成了一大批有影响力的精品力作，如《邪不压正》《中国机长》《流浪地球》等。

因此，长三角文化产业集聚和文化创意产业园区相辅相成。地区文化产业集聚的加深，促进了文化创意产业园区欣欣向荣的发展。同时，文化创意园区的快速发展和优秀的文化人才的积累进一步加深了文化产业的集聚。

4. "文化＋" 趋势明显

伴随着长三角区域一体化发展战略的推进，文化产业跨门类、跨行业、跨领域融合程度进一步加深，逐渐向"文化＋"趋势发展。文化和旅游、科技、金融等行业的融合，为其行业带来了新的增长点。这样一来，跨领域的融合不仅促进了长三角经济带文化产业的发展，而且带动了传统产业和新兴产业的创新。

通过对我国近年来文化产业政策分析汇总，我国出台了精准性的文化产业政策。在文化旅游领域中，国务院发布了《"十三五"旅游业发展规划》，该规划指出，打造具有当地特色的旅游文化，为旅游业企业提供政策支持及金融支持。国务院办公厅发布《关于进一步激发文化和旅游消费潜力的意见》，该意见指出，提升文化和旅游服务水平，激发文化和旅游消费市场活力。江苏出台《江苏省"十三五"旅游业发展规划》，该规划指出，推出全域旅游战略、融合发展战略、创新发展战略和开放合作战略等，促进旅游业越好越快地发展。在文化金融领域方面，文化部、中国人民银行、财政部发布了《关于金融支持文化产业振兴和发展繁荣的指导意见》，强调了金融支持对文化产业的重要意义，强调提高金融对产业扶持的力度，促进文化产业繁荣发展。国家知识产权局发布《关于进一步推动知识产权金融服务工作的意见》，该意见指出促进知识产权和金融业结合，逐步拓展知识产权金融服务业的规模，完善知识产权金融服务体系，促进国家的经济发展。上海正式发布了《上海市关于深入推进文化与金融合作的实施意见》，指出从完善文化金融合作机制、拓展文化金融合作渠道和优化文化金融合作环境三个方面着手，进一步加大金融对文化产业的支持力度，推动上海金融和文化合作发展。在文化科技领域中，2017 年文化部发布了《关于推动数字文化产业创新发展的指导意见》，首次明确了数字文化产业概念；国务院办公厅印发《关于促进移动互联网健康有序发展的意见》，规范了移动互联网发展，为互联网营造了健康有序的环境；上海发布《上海市推进"互联网＋"行动实施意见》，该意见为互联网创造一个宽松创新的环境，鼓励互联网和文化、娱乐、文学、影视、教育等其他产业进行深度跨界合作。

随着长三角经济带发展进入新常态，数字科技成为文化产业发展新动能，"文化＋"成为"文化网络化""产品数字化"和"生产多元化"的新的代言词。文化产业的跨领域融合程度的加深，推动了其他领域行业的发展，使我国经济向更高层次的方向发展。以文化与科技跨领域为例，互联网的快速发展，为文化产业带来了创新。利用数字技术和网络化技术，媒体、出版、游戏、动漫、音乐、影视等行业与互联网融合在一起。这样一来，互联网不仅促进了文化创意产业的升级，同时借助新媒体手段，促进了文化创意产品的价值传播和推广。根据工信部报告，2019 年，包括网络音乐和视频、网络游戏、新闻信息、网络阅读等服务在内的信息服务收入达到 7879 亿元，较上年增长 22.7%，占互联网业务收入比重已经达到 65.3%，成为互联网中发展最快的行业类别。由此可见，互联网和文化产业的融合，促进了双方行业的快速发展，为彼此带来了新的生长契机。

因此，文化产业与其他产业融合程度加深，向"文化＋"趋势发展。不仅促进文化产业的创新和发展，而且为其他行业带来新的发展，最终达到新的增长点。

三、长三角文化产业特性研究

2020 年，随着新基建政策出台，5G 网络、人工智能、数据中心等网络、技术和计算基础设施建设加快了数字化进度，这些新基建将竭力助推文化产业在生产、流通和消费、管理与监测的全链条革新。而《长江三角洲区域一体化发展规划纲要》中也提到，打造一个整体性的、品牌化的"长三角文旅圈"要推动文化旅游合作发展，共筑文化发展高地，共建"江南文化"共同基因。长三角作为"世界级经济型—文化性大城市"群，既要注重开放、精致、审美、重商、应变的人文精神，又要依托发达的数字基础设施、数字人才和数字创新，将特色文化资源转化为高价值的数字文化资产。在转化升级过程中，文化与科技的融合构建了一个复杂交织且带有地域经济特色的创新系统，随着跨界、破圈、交互的产业融合更新进程的到来，场景技术的经度和文化产业的纬度相互交织，正趋于形成一个覆盖全要素、全过程、全周期的"经纬图"。未来，伴随长三角文化产业科技融合的持续深化，更多的技术门类、应用场景都将以非线性的复杂形式加入到二者的耦合之中，产生具有长三角文化产业新特征的产品内容、服务设计乃至产业新类别。

以"提速增质"为长三角一体化经济发展第一要务，长三角地区愈加重视产业创新能力这一衡量区域经济发展潜质的重要指标。如果说以北京、天津、河北为代表的京津冀文化产业，其产业特点较趋近于"文化产业化"，那么以沪、苏、浙、皖为代表的长三角地区文化，其产业特点更趋近于"产业文化化"。文化产业化的主体是文化，而产业文化化的主体是产业，文化产业化与产业文化化的结合点是文化创意。文化产业化需要把文化创意设计成产品，产业文化化需要文化创意把产品附带上文化。不论是文化产业化还是产业文化化，优先发展文化创意产业，可以带动相关产业的发展，引发文化与产业的良性互动。

本书为什么认为长三角地区更凸显"产业文化化"的特点？首先，"产业文化化"的背后，离不开产业科技化和文化化，这是当今文化及相关产业实现高附加值增长的必然方向，也是产业品牌化的必经之路。其次，"文化产业化"和"产业文化化"二者的特点略有差异，需要厘清产业发展禀赋和时代趋势。"文化产业化"具体来看，特点有四个第一，文化具有传承和推广价值；第二，文化具有欣赏价值；第三，文化具有时代性；第四，文化具有服务功能。比如京津冀中很多地区在推进民俗文化产业化、非物质文化遗产产业化等，如果操作得当，可以使民俗文化和非物质文化遗产以产业为载体进行很好的保存和发展；如果操作不当就会造成"伪民俗"。"产业文化化"具体来看，特点有四个：第一，文化企业有文化创意意向性和自觉性；第二，产品具有一定的文化黏合力和拥有一定的文化消费群体；第三，企业管理有文化内涵；第四，产业有政府文化诱导，符合国家和地区经济发展要求。再次，产业文化化可以实现产业由粗加工向精加工、由精加工向高端产品开发的转化过程。企业的品牌效益很重要，产品能不能够做成品牌关系到产品在现代商业竞争中的生存状况。最后，产业文化化、科技化是改变我国现有产业转型的关键，是促进 GDP 结构健康转化的重要措施，是摆脱国外技术封锁、增强民族自信的最佳途径，是推动区域经济发展和生态文明建设的有效手段。长三角地区更突出了"产业文化化"特点，其拥有着文化产业发展的关键要素——文化内容创新，而文化内容创新包含文化科技和文化表现、传播和消费技术的创新。同时，长三角具有科技创新的先驱动力、江南文化的外向张力，城市文化创新也在日新月异中不断更新，科技和文化相互交融、相互促进。并且，长三角的中心城市先后出台了推动数字经济发展的政策和文件，对发展数字文化产业和推动数字文化做了具体的部署，如《上海在线新文旅发展行动方案（2020—2022年)》《杭州市全面推进"三化融合"打造全国数字经济第一城行动计划（2018—2022年)》《推进数字经济和数字化发展三年行动计划（2021—2023年)》《南京市数字经济发展三年行动计划（2020—2022年)》等。在有效市场和有为政府的共同作用机制下，长三角区域入选全国数字文化指数TOP10的城市，明显高于全国其他六个区域，长三角核心城市文化消费特点正在不断被放大，文化消费潜力不断释放。从城市群角度来看，长三角区域根据国家部署打造了"一核五圈四带"，即以上海为核心，包含苏锡常、南京、杭州、宁波、合肥五大城市圈，沿海发展带、沿江发展带、沪宁合杭甬发展带、沪杭金发展带为四大发展带，共同构建了长三角数字文化消费的新支撑。

本节结合产业融合视角，深度剖析长三角一体化进程中文化产业的发展特性（见图2-2)，但在资料搜集和实地调研中，发现数字文化在融合创新的道路中，文化和科技创新还缺乏上下一体的普遍共识，对待其中的细分产业部门尚未厘清行业发展特性，进而不能够形成一个相互交融、有机统筹的体制机制问题。所以本节在案例介绍中，也会预测未来长三角文化产业发展过程中的问题，例如，产学研合作效率中的可预见性、知识产权IP利润价值分化效益、企业长久可持续行业核心竞争等问题，并带来一个根本的方向型决策方案。

1. 长三角一体化进程中的文化资源数字化转换

文化资源逐渐从文化要素转换到与实体产业融合的新型产业链条形式，

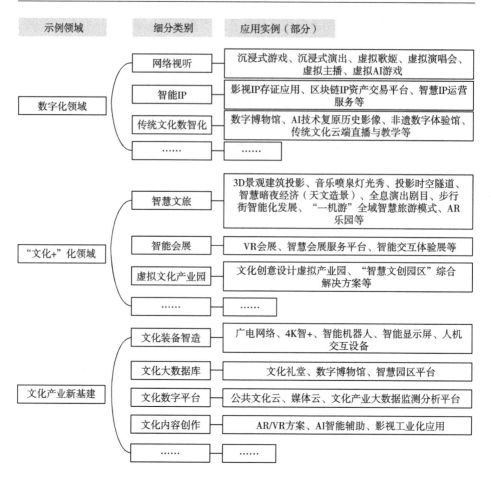

图 2-2　长三角一体化进程中文化产业特性融合领域细分

资料来源：腾讯研究院《文化科技融合 2021 迈向数字文化经济时代》，本书结合长三角区域发展特点，有所调整。

而这种文化资源和文化要素，是当前数字文化经济中最显著的特征。文化要素是以数字技术、数字创意手段、数字传播工具等数字化方式助力文化资源转化为数据资产形态的生产要素，并注入更多行业的生产要素之中，成为更多行业的标准配置，从而打破文化产业边界，推动文化要素与实体经济融合发展，最终提升文化产业及相关产业的经济附加值。

在网络视听方面，文化资源成为文化的数字要素最为明显，沉浸式游戏、沉浸式演出、虚拟歌姬、虚拟演唱会、虚拟主播、虚拟 AI 游戏等，既有新的技术动因特点，也与"文化 + 理念"一脉相承。游戏成为承载现实世界的超级数字场景。伴随着技术的演进，以数字化形态呈现的电子游戏正在成为一个超级数字场景，有望承载和创新现实世界的更多功能。例如，法国育碧游戏公司的3A 大作《刺客信条：大革命》实现了巴黎圣母院 1∶1 精准度的还原，玩家仍可以在游戏中体验巴黎圣母院的文化底蕴。类似还有游戏中开会、游戏中开演唱会等创新场景，成为现实世界生活方式在虚拟世界的新载体，从虚拟数字人到真实数字化生存。在重构新的现实世界场景基础上，人也可以实现更加真实的数字化生存。基于深度学习的多模态融合技术可以实现对人体姿态、表情和功能等的模拟仿真，打造高度拟人化的数字虚拟人，创造全新的人机交互方式。例如，"艾灵"是由腾讯 AI Lab 打造的国风 AI 虚拟偶像，未来"艾灵"有望拓展 AI 在虚拟偶像、虚拟助理、在线教育、数字内容生成等领域的应用。

在智能 IP 方面，2020 年让实体经济进入停滞，但让数字经济全面开启。区块链正巧在这个节骨眼上，加入了文化应用热潮，比莱坞作为一个 IP "一键"上链存证永久保护的落地应用，运用智能合约和区块链帮助解决 IP 授权与交易、市场信息不对称、市场对接困难、形式和流程不明确等问题，实现 IP 交易迅速完成。比莱坞以区块链技术实现影视 IP 存证为前提，将影视拆分成"视频、图片、音乐、文字"四种主要形式来保护影视作品的知识产权，并围绕着 IP 触发其授权以及版权交易等，使 IP 实现价值的流通，提升其商业价值，实现"二次利润"。比莱坞也吸引了众多传统的影视及传媒公司前来咨询链改以及共同探讨未来区块链技术能给予传统影视发展的新方向，而比莱坞引领的信息技术改革必将促进影视行业区块链落地应用的落实和推广，大力推动影视IP市场良性发展，为广大粉丝展现出更优质的影视作品。无论是原创性的数字内容IP，还是将文化资源进行数据化提取和原创性改编等数字化开发后形成的新的单体知识产权或知识产权包（IP包），都成为可交易的文化要素进入市场中进行流通，并和相关实体产业融合发展。区块链作为网络时代新兴加密技术，能够帮助文化IP版权经济拓展产业链，丰富产品价值空间维度，成为跨行业跨界的"IP＋"。例如，迪士尼IP＋全产业链覆盖，直接对接覆盖IP授权市场信息不透明和对接目标市场问题，在游戏、图文、影像等额外商业价值领域带来丰厚利润，如果区块链智能IP技术再应用到国漫、影视作品等领域，势必让我国的文化产品在同类竞争中势如破竹。

在传统文化数智化方面，在文化产业领域中有许多传统形态的产业，如演艺、印刷、零售、电影放映、文化用品生产等，这些产业在投入和产出的效率上缺乏竞争力，全要素生产率比较低。数字经济与文化产业结合而产生的新动能，不仅表现在开发数字出版、电竞游戏等新业态上，而且表现在通过数字技术和"数据＋计算力"，推动传统产业实现智能化升级上。如文体广电演艺装备，是横跨科技服务业、先进制造业、现代服务业的重要领域，也是"中国制造"迈向"中国智造"、体现中国文化软实力的重要内容。随着中国文化产业发展的规模和水平日益提高，各地对文化装备的质量和规模提出了更高的要求。长三角地区是中国文化装备企业最为集中的区域，以数字经济带动文化装备产业向科技型、智能化、品牌化方向持续升级，成为近年来长三角数字文化产业的一大亮点。如中国文体广电演艺高端装备上市公司第一股——"浙江大丰"，是G20杭州峰会、金砖厦门峰会主要场馆核心设备及20多年央视春晚相关设备的提供者，在全国中高端细分市场占有率高达70％以上。在"短视频＋直播带货"的内容电商趋势下，以多元创意的内容作品链接泛产业，以"文化内容＋"形成粉丝认同，成为泛产业链接的基础及营销和带货的新工具。数字文化经济时代，只要是能引起人共鸣的文化内容，都可以成为文化吸引物进入实体空间或其他经济形式，从而增加消费者认同，实现文化经济的效应。

2. 长三角一体化进程中的"文化＋"领域

"文化＋"为长三角一体化进程中的大文化类产业提速增质，纵观长三角数字文化产业的宏观发展趋势可以发现，数字文化消费是以网络为载体而"去中心化"的，在各省市、各城市发展不平衡的背景之下，数字文化消费如电竞赛事、数字游戏、数字视听等，需要依托优良的基础设施和市场体系，可以先做向心集聚，在达到一定的饱和度之后，再形成"中心—周边"扩散，从而形成长三角数字文化消费的特色，即核心引领、多圈扩散、带动全域、梯度提升核心引领、多圈扩散、带动全域、梯度提升。

上海科技影都的核心项目之一——长三角国际影视中心总投资近百亿元，由中国电视剧上市公司第一股、中国电视剧行业的龙头企业——华策影视母公司大策集团和中国南山集团投资建设，目标定位于打造中国科技含量最高的高科技综合影视产业平台，显示了中国电影工业追赶国际先进水平的排头兵态势。"文化＋"消费领域，一个国家巨大的文化消费潜力，不会自然而然地转化为文化生产力，它需要富有创新活力的文化企业率先开发出具有前瞻性和领先性的文化产品和文化服务，才能激发文化消费市场的"新蓝海"。正如苹果公司创始人史蒂夫·乔布斯所指出的："创新将领导者和跟风者区别开来""我们坚信：有激情的人终能将这个世界变得更美"。真正意义上的创造需求，必定是从0到1，即"无中生有"。它包括在整个系统尚不成熟时，像贝尔、富兰克林、爱迪生一样超前发明先进的技术，也包括在某个系统相对成熟时，将新产品镶嵌在成熟的产业系统中。近年来，长三角区域涌现了风语筑、亮风台、高重等一大批在细分领域推动"数字研发 + 文化创意"的重点文化企业。如科大讯飞，作为中国最大的智能语音技术提供商，被称为"智能语音上市公认第一股"，它是全国唯一以语音技术为产业化方向的"国家 863 计划成果产业化基地"，荣获了中国语音产业第一个国家科技进步奖（二等奖）。

智能文旅，即在文化和旅游行业的数字化升级过程中，旅游不仅是传统意义上的旅游，"文化 + 数字"技术应用在旅游产业链过程中日渐增多，成功者往往是以成本可控、操作可行的方式解决当时面临的需求痛点。第一，政策促进与学科建设。文旅产业的数字化发展应纳入"十四五"文化和旅游发展规划，建立服务质量和发展水平监测评价体系，为政府的宏观调控和微观监管提供必要的数据支撑。重点支持数字博物馆、数字美术馆、数字景区、数字民宿项目，构建产业升级的数字化基础。但目前长三角文旅方面的企业多以资本、科技应用、文化创意和创业创新为代表的新动能"势强能弱"，人工智能、大数据、5G + 4K、文化创新、遗产活化等仍然处于概念导入阶段，鲜见现象级的产品、服务和企业品牌。从宏观政策制定角度，文化和旅游行政主管部门要在专业分析和定期研判的基础上，对微观主体进行政策引导，对产业走向进行逆周期调研。第二，以游客为中心：数字伦理、满意度与获得感。数字网络与设备的普及让各类数据呈现爆炸性增长，云存储、云计算等技术协助文旅企业从海量信息中挖掘游客的信息。但从数据的采集、使用、所有到取舍，需要各方广泛探讨和摸索，智能文旅的关键问题是完善数字法律法规、伦理规范体系，保护游客个人隐私。政府负担起对消费者隐私、知识产权和商业机密保护的责任，企业合理使用游客行程数据。携程公司与联合国开发计划署、中国国际经济技术交流中心、中国旅游研究院共同发起的"安全旅行——负责任的旅行"项目，以及依靠携程的全球网络体系建立的"全球旅行 SOS 服务""重大灾害旅游体验保障金"，为游客旅行过程中解决突发紧急情况形成了灾害预警机制，运用智能文旅的数字技术，帮助政府保护公民出行安全。第三，长三角加大市场导向的研发投入。从概念导入到产品落地，需要充分激发市场主体的积极性，使其在研发投入方面更加主动作为。面向市场需求的技术应用场景和商业孵化可能，结合市场需求和产业基础对相关技术的应用场景进行市场和技术研判。要通过企业与院校的联合、企业大学的建立等方式，增强企业级研究能力，深入研究数字化战略的概念内涵、外在特征、国际进展以及其在文化和旅游领域可能的应用场景。在引导市场主体数字化转型方面，既要发挥大型集团的引领作用，也要关注小微企业的创新力，鼓励小微企业和专业兴趣团队进行突破式创新。同时，还需要充分发挥旅游集团、国有文化机构和艺术单位的积极性、主动性和创造性，推出一批有科技含量的项目和产品，从而有效降低生产和运营成本，为游客和观众带来低门槛的分享体验。

在虚拟文化产业园区方面，很多游戏公司以线上合作方式进行游戏开发，AI 的游戏工业化将成为新型游戏产业园区的新业态方式。当前 AI 技术在游戏工业化进程中发挥着越来越重要的作用，有望改善游戏质量、体验和制作速度、完成率。如绝悟（策略协作型 AI）是由腾讯 AI Lab 与 MOBA 类游戏代表《王者荣耀》于 2017 年携手展开研究的，AI 绝悟能够参与游戏设计，系统性解决游戏玩家体验问题，比如英雄角色的平衡性测试与参数调整，提高测试效率，优化角色平衡性，还可参与 MOBA 新地图研发等。基于 AI 的游戏工业化能力将成为产业发力点。

3. 长三角一体化进程中的文化产业新型基础设施

在国家及上海新基建政策措施的有效引导和旺盛市场需求的驱动下，长三角区域初步形成了以苏州、南通等地为代表的环上海数据中心产业带，成为了数字经济和相关资本的重点布局区域。而文化产业新型基础设施（新基建），是以数字驱动为特征、数据资源为要素的实体民生单位，对传统基建进行着翻天覆地的革新，数字在其中激发着经济增长新动力，也为人民群众创造出看得见、摸得着、感受得到的数字文化生活。数字时代，数据是生产要素，更是发展机遇。制造业成为数字经济主战场，在智能制造方面，通过数字工厂仿真、智能物流无缝对接，帮助制造企业提升制造品质和生产效率；在智慧仓储方面，将智能叉车、电子围栏等数字技术应用于日常管理，实现了大宗货物的安全管控和精准查询。数据显示，2019 年我国规模以上工业企业生产设备数字化率达到47.1%，制造企业数字化基础能力稳步提升，为满足人们对高质量产品服务需求提供了坚实保障。此外，新一代信息技术与服务业加速融合，不断孕育新产品、新业态、新模式。新冠肺炎疫情防控中，以远程办公、在线教育为代表的平台经济快速发展，不仅满足了上亿人的学习办公需求，广受公众青睐，更开拓出拉动经济的新增长点。

在文化装备制造业和文化消费终端制造业的环节，主要涉及影视装备、舞台装备、影院装备、印刷装备、游艺娱乐装备、移动互联装备等领域，现代科技成果的开发、转化、利用比比皆是，成效显著。据统计，目前，国内文化装备产业年交易量超过万亿元，占国内文化产业总产值的1/4，并以年均20%的速度增长。在这些方面，我们文化产业界包括管理部门应当毫不犹豫地将文件所制定的卓有成效的具体举措予以采用。

在文化大数据库中，2020 年长三角文博会上，授权交易专题展区突出"文博创意，商机无限"，会聚上海博物馆、南京博物院、安徽博物院、北京颐和园，上海市博物馆协会组织了17 家上海本地博物馆，浙江省文澜阁博物馆联盟组织了多家博物馆，形成了文博创意开发和授权交易的规模化阵容。

在文化数字平台里，在国家大力开展新时代文明实践中心建设的大背景下，华数传媒在浙江省遂昌县率先开发线上"新时代文明实践中心信息化"管理系统。其中，"文明进万家电视学习平台"包括"习语近人""中国梦"两大专题及"我们的礼堂""我们的新风""我们的节日""我们的学习""我们的温度"等主要板块。"农村文化礼堂智能化管理平台"则主要通过云端一体化发布、视播结合、视频监控、人流统计、智能门禁、礼堂 Wi－Fi 流量统计、智慧用电、视频会议八项应用，为管理者进行远程服务管理，提供多项便捷方式。该平台还可以沉淀用户大数据，提供可视化分析，如观看时长、用户画像、TOP 排名、最爱节目、礼堂开门数据、热点课堂、参与人数、活动次数等。所以文化数字平台在一定技术程度和管理机制上，借助流媒体技术和区域内的自组织管理，帮助长三角城市群的"末端"县镇达到了新的乡村文化振兴之路。

四、本章小结

文化产业以其高附加值、高融合性、低资源消耗的产业属性，在推动地区经济发展、促进产业结构转型升级、推动全面建成小康社会等方面发挥着重要作用。关于文化产业的识别上，它是以文化为核心内容，为直接满足人们的精神需要而进行的创作、制造、传播、展示等文化产品（包括货物和服务）的生产活动，包括新闻信息服务、内容创作生产、创意设计服务、文化传播渠道、文化投资运营和文化娱乐休闲服务等活动。此外，还包括为实现文化产品的生产活动所需的文化辅助生产和中介服务、文化装备生产和文化消费终端生产等活动。

　　长三角经济带凭借良好的区位条件和经济优势以及丰厚的历史文化底蕴，使其文化产业的发展水平始终居于全国前列。本章基本形成了文化与创意、文化与科技相融合发展的特色文化产业发展模式，新闻出版、广播影视、原创动漫、网络游戏以及文化旅游等重点门类在全国均具有较大的知名度和影响力，但在发展中仍然存在着一些问题。

　　长三角一体化进程中文化产业具有"江南文化"特色鲜明、产业"服务化"倾向凸显、产业集聚程度日益增强、跨领域融合程度加深等特点，坚持专业化、特色化发展，充分利用现有的文化资源和文化产业，扩大文化品牌效应，形成城市文化名片，打造具有鲜明特色的江南文化产业聚集区。

第三章 构建文化产业政策结构多元效率评价体系

在梳理文化产业相关文献、识别文化产业内容与类别的基础上，本章就长三角经济带的文化产业结构政策、文化产业组织政策、文化产业发展政策与文化产业关系政策构建指标（体系）进行综合评价，从而对长三角经济带的文化产业发展状态给予全面描述，分析当前发展中的优势与不足，从而为长三角经济带文化一体化进程中文化产业政策的制定出谋划策。

一、构建一体化进程中文化产业结构政策评价体系

本书重新定位文化产业结构格局，优化文化产业结构，提高文化资源配置效率，促进文化经济增长的产业政策系统。文化产业结构面临两个问题：各产业之间的协调问题，主要是指在特定的技术和经济条件下各文化产业之间的均衡发展；文化产业结构的升级或结构优化问题。本书根据国家战略导

向，在一体化发展高质量方面，重点研究文化产业之间发展偏差，促进各文化产业协调发展；促进文化产业结构成长和实现产业结构升级；缩小文化资源分配差距，促进社会文化公平。

在评价文化产业结构性政策评价体系中，本书也考虑到产业政策在发挥效力时，其政策内部各维度之间具有逻辑先后顺序：首先，文化政策表征政府意志，政策工具性是其首要特征，工具性是政策目标的实现手段，是政策力度的载体，政策工具措施的逻辑关系应优先于其他两个维度。其次，文化产业具有依赖性，城市文化产业政策依赖于中央与各部委政策的制定，而且不同部门颁布的政策文本之间具有叠加效应。一般来说，中央与各部委的文化政策往往力度大，但目标不具体；而长三角"三省一市"人民政府、厅局层面的政策虽然力度有限，但目标明确，是对中央与部委政策的具体化，政策整体效力的发挥应是不同层面政策系统叠加的结果。

基于以上的长三角文化产业结构特点和政策效力的滞后叠加效应，本章将建立一个现阶段稳固的文化产业结构政策评价体系。

1. 指标体系的构建

现有的产业结构理论建立在产业演进四大规律理论基础之上，包括配第—克拉克律、库兹涅茨律、霍夫曼律以及罗斯托主导产业转换律[①]。配第—克拉克定律认为随着全社会人均国民收入水平提高，就业人口由第一产业向第二产业转移；随着人均收入进一步提高，就业人口便大量朝第三产业转移。库兹涅茨则考虑了人均收入对产业产值的影响，以恩格尔定律及资本有机构成两大理论为基础，经过实证分析，发现随着人均收入的提高，三大

---

① 苏东水．产业经济学［M］．北京：高等教育出版社，2010：164 – 165.

产业的产值也按照"第一产业—第二产业—第三产业"的梯度顺序增长。罗斯托则按照产业发展规划将经济社会划分为五个阶段,包括传统社会阶段、为"起飞"创造前提阶段、"起飞"阶段、成熟阶段以及高额大众消费阶段,在成熟阶段之后,文化产业将逐步成为具有战略性的主导产业,并产生强大的扩散效应。霍夫曼提出了工业化法则,按照消费品工业与资本品工业,将经济划分为四个阶段,逐步从消费品工业占主导过渡到资本品工业占主导当中。

根据上述四条产业演进的规律,在产业结构优化程度评价的实践中,将产业结构优化具体化为四条标准:产业结构合理化、产业结构高度化、产业结构均衡化以及产业效率提高[①]。依据上述四条标准,在结合产业结构演进的理论规律以及文化产业结构发展现实的基础上,提出了如表 3 – 1 所示的指标体系。借鉴黄溶冰和胡运权(2005)关于产业结构综合评价的研究后[②],本书认为产业结构合理化的核心内涵在于产业结构的有序性,不合理的产业结构表现为国民经济构成中产业资源配置的无序与混乱,而衡量有序性的常用指标为熵指数:$\lambda = \sum_i S_i \log \dfrac{1}{S_i}$,其中 S_i 为第 i 个产业在文化产业对应指标中所占的比重。产业结构均衡化的主要目的在于确保文化产业在"文化资源挖掘(IP 开发)—文化产业化(IP 商业推广)—文化价值衍生(IP 产品化)"的运营周期中能够前后相继、从不间断,这就要求文化服务业、文化流通业(包含文化零售业与文化批发业)以及文化制造业均占有一定比重,其份额差距不能过于悬殊。因此,本书利用赫芬达尔—赫希曼指数来衡量文化产业结构均衡化程度。进一步扩展文化产业结构合理化与均衡化这两个指

---

① 王俊豪. 产业经济学 [M]. 北京:高等教育出版社,2008.
② 黄溶冰,胡运权. 产业结构有序度的测算方法——基于熵的视角 [J]. 中国管理科学,2005,14(1):122 – 128.

表3-1　文化产业结构评价指标体系

一级指标	二级指标	指标说明
文化产业 合理化程度	就业人数合理化	文化产业就业人数的熵值
	产值合理化	文化产业营收额的熵值
	资产规模合理化	文化产业总资产的熵值
文化产业 高度化程度	工业化程度	第二产业产值在国民经济中占比
	服务化程度	第三产业产值在国民经济中占比
	文化产业化程度	文化产业产值在国民经济中占比
	文化服务业产值占比	文化服务业产值在文化产业产值中占比
文化产业 均衡化程度	就业人数均衡化	文化产业就业人数的赫芬达尔—赫希曼指数
	产值均衡化	文化产业产值的赫芬达尔—赫希曼指数
	资产规模均衡化	文化产业总资产的赫芬达尔—赫希曼指数
文化产业 运行效率	文化服务业运行效率	文化服务业运行的综合效率值
	文化流通业运行效率	文化流通业运行的综合效率值
	文化制造业运行效率	文化制造业运行的综合效率值

标的内涵，可以得到各自的三个二级指标。就产业演进的几个规律来说，配第一克拉克律侧重考察产业的从业人员构成，库兹涅茨律侧重考察产业的产值比重，罗斯托主导产业转换律则重视产业发展过程中的投资问题，因此将文化产业合理化与均衡化分为文化产业就业人员的合理化与均衡化、文化产业产值的合理化与均衡化、文化产业资产规模的合理化与均衡化。在构建文化产业结构高度化的二级指标时，本书一方面将工业化程度、服务化程度、文化产业占国民经济比重纳入指标体系中，另一方面则将文化服务业产值在文化产业产值占比视作文化产业高度化的一部分。这是因为大卫·赫斯蒙德夫（2016）在《文化产业》一书中认为文化产业定义的关键标志在于文本的创造，因此文化服务业创造了原始IP，属于核心文化产业，而文化制造业是利用原始IP衍生的功能或美学符号赋予工业产品更高价值的产业，属

于边界文化产业①。至于文化流通业，根据新制度经济学的观点，将其视作文化服务业与文化制造业实现商业价值的服务产业，产值作为交易费用存在，其功能在于推动文化产业化进程，并不创造或利用 IP②。基于此，文化服务业产值占比越高，将为区域文化产业发展注入越多可开发知识与文化符号，是衡量文化产业结构高度化的重要二级指标。最后，将产业运行效率细化为文化服务业运行效率、文化流通业运行效率以及文化制造业运行效率三个二级指标，并将 DEA 模型测度得到的综合技术效率作为对应计算结果。

2. 实证分析

本书按照指标说明部分的方式分别计算长三角经济带（含上海市、江苏省、浙江省及安徽省）各个二级指标，并在此基础上将对应二级指标的算术平均数作为一级指标测度结果。

表 3 - 2 为文化产业结构合理化测算结果。根据计算结果，就二级指标而言，上海与浙江在产值合理化方面相对较高，说明两省市的文化产业结构在生产结果上更具有序性，而江苏与安徽在资产规模合理化方面相对较高，说明两省文化产业结构在资本要素的配置上更为有序。这一结果体现出长三角经济带不同省份间的文化产业存在各自分工的比较优势，也体现了不同省份要素禀赋与资源配置的差异。因此，在文化产业结构合理化问题上，需要协调长三角四大省份战略差异，使经济带整体文化产业得到有序的发展。四个省份就业人员合理化方面差距较小，说明长三角经济带文化产业劳动市场一体化程度较高，劳动要素流动相对自由畅通。因此，长三角经济带文化产业

---

① 大卫·赫斯蒙德夫. 文化产业［M］. 北京：中国人民大学出版社，2016.

② 卢现祥. 新制度经济学［M］. 武汉：武汉大学出版社，2011.

一体化发展就产业结构合理化层面来说，应当以劳动市场为突破口，发挥不同区域在生产或投资上的战略优势，形成资源互补与战略协同的良性发展格局。就一级指标的纵向比较而言，上海与浙江的文化产业合理化程度在2013～2018年整体下降，而江苏与安徽的文化产业合理化程度在2013～2018年整体上升。这反映出上海与浙江文化产业结构出现某种程度上的失序，体现在个别产业走向集中甚至极化的趋势。

表3-2　文化产业结构合理化测算结果

地区	年份	产业合理化	就业人员合理化	产值合理化	资产规模合理化
上海	2018	0.341513277	0.315277009	0.431114342	0.278148479
	2017	0.353105126	0.336674776	0.437581681	0.285058921
	2016	0.364599734	0.339774788	0.438695058	0.315329356
	2015	0.362067601	0.338588994	0.433581276	0.314032533
	2014	0.397842635	0.370724784	0.449987575	0.372815545
	2013	0.405256961	0.381582281	0.453105574	0.381083029
江苏	2018	0.397137967	0.372044897	0.42763724	0.391731765
	2017	0.415612888	0.368998531	0.440667285	0.437172848
	2016	0.398362161	0.357186377	0.400799571	0.437100535
	2015	0.392966825	0.353111165	0.393372241	0.432417069
	2014	0.355417139	0.338732139	0.33933283	0.388186447
	2013	0.355465875	0.343363048	0.337003036	0.38603154
浙江	2018	0.374787345	0.36320745	0.408180098	0.352974485
	2017	0.378014808	0.357075084	0.423077773	0.353891567
	2016	0.39863919	0.370697087	0.449168272	0.37605221
	2015	0.403862081	0.364796482	0.458958353	0.387831408
	2014	0.403644672	0.347312243	0.454504972	0.409116801
	2013	0.408555487	0.357487548	0.451293954	0.41688496

续表

地区	年份	产业合理化	就业人员合理化	产值合理化	资产规模合理化
安徽	2018	0.41143976	0.373647131	0.420095415	0.440576735
	2017	0.407907256	0.36754879	0.419102241	0.437070735
	2016	0.396142163	0.353465484	0.388044975	0.446916029
	2015	0.373919539	0.335548701	0.361542271	0.424667645
	2014	0.379648194	0.331793577	0.377415358	0.429735647
	2013	0.379614292	0.327565261	0.392229339	0.419048276

注：以上数据为笔者根据《中国统计年鉴》的原始数据计算得到，表3-2至表3-5数据来源相同。

表3-3为文化产业结构高度化测算结果。就二级指标而言，在工业化方面安徽工业化程度最高，上海工业化程度最低；在服务业方面，上海的服务业占比占有优势，安徽的服务业占比处在劣势；在文化产业化占比方面，上海文化产业产值在国民经济中占比最高，江苏与浙江次之，安徽相对而言基础最为薄弱；而在文化服务业占比方面，浙江的文化服务业占比最高，上海次之，江苏再次，安徽最为薄弱。就一级指标而言，长三角经济带四个省份在2013~2018年文化产业高度化程度皆有所上升，浙江与上海最高，江苏次之，安徽最低。综合来看，作为长三角经济带的新成员，安徽的文化产业基础相对于其他省份而言相对薄弱。在文化产业高度化层面，长三角经济带的文化产业结构一体化，需进一步保障经济发展的区域公平，促使优势省份带动安徽文化产业高度化发展。

表3-4反映了长三角经济带文化产业结构均衡化程度测算结果。由于HHI反映的是某种产业特定指标的集中性，因此该值越高，均衡化程度越低。就二级指标计算结果而言，长三角四个省份文化产业结构均衡化程度的比较结果与文化产业结构合理化程度的比较结果相一致。这表明，一个地区文化

表3-3　文化产业结构高度化测算结果

地区	年份	产业高度化	工业化	服务化	文化产业化	文化服务业占比
上海	2018	0.424379	0.297814	0.698992	0.267528	0.433185
	2017	0.427353	0.304595	0.691788	0.303656	0.409371
	2016	0.427605	0.298320	0.697794	0.311295	0.403011
	2015	0.425181	0.318069	0.677559	0.341319	0.363777
	2014	0.414744	0.346563	0.648164	0.301388	0.362862
	2013	0.411789	0.362441	0.631834	0.299106	0.353774
江苏	2018	0.344311	0.445470	0.509800	0.116829	0.305148
	2017	0.338063	0.450156	0.502735	0.164316	0.235047
	2016	0.324313	0.447348	0.499967	0.186244	0.163693
	2015	0.319456	0.457018	0.486133	0.177615	0.157058
	2014	0.314140	0.474040	0.470123	0.151259	0.161138
	2013	0.310955	0.486768	0.455161	0.140441	0.161452
浙江	2018	0.426653	0.418275	0.546723	0.153525	0.588090
	2017	0.413592	0.429453	0.533189	0.152952	0.538777
	2016	0.388170	0.448550	0.509859	0.151248	0.443023
	2015	0.371739	0.459624	0.497637	0.147155	0.382541
	2014	0.348283	0.477311	0.478450	0.126487	0.310884
	2013	0.336455	0.477996	0.475379	0.119369	0.273078
安徽	2018	0.301142	0.461298	0.450788	0.081243	0.211241
	2017	0.301805	0.475175	0.429249	0.100074	0.202723
	2016	0.285617	0.484339	0.410458	0.099601	0.148072
	2015	0.280475	0.497455	0.390905	0.095815	0.137728
	2014	0.273340	0.531335	0.353914	0.086154	0.121958
	2013	0.272727	0.540322	0.341776	0.084143	0.124668

产业结构的有序合理发展本身也是文化产业朝均衡方向演进的过程，区域间文化产业结构发展相对均衡，文化产业无论是产品市场还是要素市场的运行形势都必定随之井然有序。两者相辅相成，也就要求各省份发展文化产业时，要以推动劳动市场均衡化为共同目标，再立足本省自身优势，继续促进产值均衡化或投资均衡化。

表3-4 文化产业结构均衡化程度测算结果

地区	年份	产业均衡化	就业均衡化	产值均衡化	资产规模均衡化
上海	2018	0.547208	0.592604	0.393702	0.655318
	2017	0.528102	0.553658	0.386251	0.644398
	2016	0.50974	0.54679	0.385051	0.597378
	2015	0.512945	0.544649	0.393912	0.600274
	2014	0.454011	0.486057	0.371977	0.503999
	2013	0.442147	0.467262	0.368097	0.491081
江苏	2018	0.435644	0.456348	0.408146	0.442439
	2017	0.415722	0.464804	0.393126	0.389235
	2016	0.446927	0.49531	0.458698	0.386773
	2015	0.456769	0.506288	0.471062	0.392956
	2014	0.509544	0.525333	0.560152	0.443147
	2013	0.510051	0.520618	0.563669	0.445865
浙江	2018	0.480368	0.483503	0.440057	0.517543
	2017	0.472736	0.494239	0.412663	0.511306
	2016	0.444726	0.485023	0.372304	0.476851
	2015	0.436589	0.497358	0.359051	0.453359
	2014	0.436343	0.521632	0.368312	0.419086
	2013	0.433269	0.514764	0.374989	0.410055
安徽	2018	0.426519	0.469449	0.427577	0.382531
	2017	0.430063	0.473614	0.429231	0.387344
	2016	0.45741	0.51592	0.47934	0.376971
	2015	0.490094	0.539009	0.524423	0.406849
	2014	0.483513	0.556485	0.493143	0.400912
	2013	0.479893	0.563544	0.466278	0.409856

表3-5反映了各省市文化产业运行效率测算结果。本书利用DEA测算各省市文化产业运行效率时，以对应产业从业人员与总资产为投入，以对应产业营业收入为产出，以综合技术效率（纯技术效率×规模效率）为代理变量。就二级指标而言，上海文化制造业运行效率最高，江苏次之，安徽再次，

浙江最低；上海文化流通业效率最高，江苏与浙江次之，安徽最低；浙江文化服务业效率最高，上海、江苏与安徽相近。就一级指标来看，上海文化产业运行效率最高，但纵向来看逐年递减，效率处于衰退状态；江苏与浙江次之，江苏的文化产业运行效率开始递增，在2016年达到最高值后逐年递减，而浙江总体稳定，波动相对较小；安徽文化产业运行效率最低，且逐年递减。通过效率指标的对比分析发现，长三角经济带的文化产业运行效率整体处于逐年递减过程，表明文化产业的初始红利已经开始消失，产业已完成"起飞"工作，各省市需要再次寻找文化产业新的经济增长点，为文化产业转化为主导产业注入新的价值来源与增长动力。

表 3-5　文化产业运行效率测算结果

地区	年份	产业运行效率	文化制造业效率	文化流通业效率	文化服务业效率
上海	2018	0.867667	1	1	0.603
	2017	0.884667	1	1	0.654
	2016	0.958667	1	1	0.876
	2015	0.977667	1	1	0.933
	2014	1	1	1	1
	2013	1	1	1	1
江苏	2018	0.648	0.766	0.570	0.608
	2017	0.681333	0.853	0.513	0.678
	2016	0.812667	1	0.631	0.807
	2015	0.773333	1	0.495	0.825
	2014	0.775	0.952	0.677	0.696
	2013	0.758667	0.933	0.66	0.683
浙江	2018	0.725667	0.607	0.57	1
	2017	0.734	0.591	0.611	1
	2016	0.750	0.627	0.623	1
	2015	0.731333	0.624	0.57	1
	2014	0.754333	0.594	0.695	0.974
	2013	0.715	0.581	0.675	0.889

续表

地区	年份	产业运行效率	文化制造业效率	文化流通业效率	文化服务业效率
安徽	2018	0.596333	0.822	0.415	0.552
	2017	0.670667	0.880	0.499	0.633
	2016	0.709333	0.886	0.455	0.787
	2015	0.716	0.941	0.408	0.799
	2014	0.748333	0.926	0.670	0.649
	2013	0.806	0.909	0.937	0.572

3. 分析与评价

综合表 3 – 2 至表 3 – 5 的实证结果来看，就产业结构层面而言，长三角经济带产业结构总体合理，且具备相当程度的先进性。"三省一市"各自都有独特的优势，但具体来看，上海整体上文化产业结构优化程度最高，在多个指标上领先其他省份；浙江与江苏在部分指标上占据优势，双方需要进一步发挥比较优势，形成合作互补，如浙江在文化产业运行效率方面存在优势，江苏在产业有序性方面占有优势；安徽的文化产业结构在均衡性与先进性方面与其他省市仍有差距，有待于进一步的合理化与高度化。

二、构建一体化进程中文化产业组织政策评价体系

产业组织与产业结构有着密切相关的理论联系，能够从更为微观的视角进一步揭示产业内企业间的竞合关系。产业组织理论的创始人之一贝恩在其1966 年出版的著作《产业结构的国际比较》中，将产业结构解释为产业内部

的企业关系，因此产业组织是广义的产业结构的一部分，在评价完江浙沪皖文化产业结构政策后，进一步评价文化产业组织政策能够丰富我们对文化产业运行状况的认知①。文化产业组织政策是政府以立法形式制定文化市场规则，调节文化产业组织，规范文化企业的市场行为，以期获得最大的市场绩效的文化产业政策系统。沪苏浙皖省（市）目标是保持合理、健康的文化市场结构；禁止和限制一切妨碍文化市场的公平竞争的市场行为，鼓励与规范文化市场竞争秩序，包括文化产业行为调整政策（反垄断政策、促进有效竞争政策）和文化产业市场结构优化政策（文化企业兼并与合作政策、中小文化企业政策）。

1. 文化产业组织运行的理论基础

在产业组织理论发展进程中，理论脉络被划分为传统产业组织理论（TIO）与新产业组织理论（NIO）。传统产业组织理论以哈佛学派与芝加哥学派为主要学说。哈佛学派代表乔·贝恩（1951）② 根据古典微观经济学基本推论与美国制造业案例经验提出"S－C－P"范式，认为市场结构决定企业行为，从而决定产业绩效，一旦接受这一假设，可将逻辑简化为"结构—绩效"关系。基于此，哈佛学派的理论也被称为"结构主义"观点。由于哈佛学派观点缺乏严谨的主流经济学理论支撑，并且与部分产业经验现实不一致，受到了来自芝加哥学派诸如施蒂格勒、波斯纳大法官等学者的强烈批判。施蒂格勒利用生物演化的经济隐喻，通过产业生命周期理论分析产业组织变化进程，并利用适者生存法验证了产业组织最佳规模的演进，认为产业的市场结构是企业的经济效率导致的，贝恩提出的结构性壁垒并不能实质性地对

---

① 冯江茹. 金融发展、产业结构优化与经济增长［M］. 北京：知识产权出版社，2016.

② Bain. Industrial Organization［M］. New York：John Wiley，1968.

产业绩效形成影响，只有企业的策略性行为会对产业组织产生作用。他认为贝恩的观点逆置了结构与绩效的因果关系，应当是经济效率决定产业组织结构，因此提出了著名的"E－S"范式，被称为"效率主义"观点①。传统的分析认为企业行为具有被动性，且将市场结构或企业效率外生化，其结论在现实中只有部分产业能证实其正确性，因此无法揭示产业组织各变量间的本质关系。以可竞争理论、新制度经济学、奥地利学派为主的学说构成了具有现代经济意义的新产业组织理论。以后芝加哥学派与图卢兹学派为代表，新产业组织理论以博弈论为工具，解释了企业行为对产业绩效与市场结构的影响，解决了传统理论因果混乱的问题。然而，以博弈论方法得到的产业组织理论观点只有在20世纪80年代末期新实证产业组织范式（NEIO）诞生后才开始逐步得到检验。随着推测变分法（CV）的兴起，逐步形成了简化式（Reduced Form）与结构式（Structural Form）两条分支的研究范式——新实证产业组织理论（以下简称 NEIO）②。其中，简化式由 Hall（1986，1988）根据索洛模型的原理提出，Klette（1999）对 Hall 的模型进行改造后得到了完善的简化式分析方法；结构式由 Bresnahan（1981，1987）通过带有推测变差的古诺博弈分析得到，在后来的发展中随着具体博弈情境的变化而得到完善。国内关于简化式方法的实证工作主要集中于金融业（王稳和张运智，2014；牛华勇和闵德寅，2015；姜德波和颜秉政，2016；付为祥和谭泽敏，2018）、电信服务业（明秀南和陈俊营，2014）、制造业（陈甬军和周末，2009；周末和王璐，2012）与农业（刘志雄，2015）。利用 NEIO 方法对文化创意产业展开的文献仅有龚彦方（2012）对中国传媒业的研究，在出版业、

①　乔治·J. 施蒂格勒. 产业组织［M］. 上海：格致出版社，2018.
②　沈曦. 基于新实证产业组织理论的市场势力测度——以全球光伏产业（2010－2013年）为例［J］. 产经评论，2018，9（2）：21－36.

信息业以及文化艺术业等其他创意产业细分行业中的工作仍旧有待探索。因此，本章使用 NEIO 方法对江浙沪皖"三省一市"的文化产业各个细分产业的市场势力进行测度，相比现有文献使用 SCP 范式评价文化产业组织状态而言，理论上能够在考虑结构—绩效双向因果的前提下测度市场势力，更加准确地反映长三角经济带的文化产业组织运行形势，实证上丰富了 NEIO 方法的研究对象，使得长三角经济带的文化产业细分行业进入这一方法的视野。

2. 模型构建与变量说明

本章采用简化式 NEIO 方法测度长三角经济带文化产业多个细分行业的市场势力，该方法由 Hall 首创，经 Kelette 改进后，由 De Loecker J. 和 Warzynski F. （2012）集大成，De Loecker J. 和 Warzynski F. 克服了前两种方法对于样本数量要求苛刻且无法转换为动态的点估计的缺陷，使得简化式 NEIO 方法能够具有结构式 NEIO 方法的动态评估优势[1]。使用这一方法，首先需构建超越对数生产函数，如式（3-1）所示：

$$y_{it} = \beta_L L_{it} + \beta_K K_{it} + B_M M_{it} + \beta_{ll} L_{it}^2 + \beta_{kk} K_{it}^2 + \beta_{MM} M_{it}^2 + \beta_{Lm} L_{it} M_{it} + \beta_{Lk} L_{it} K_{it} +$$
$$\beta_{km} K_{it} M_{it} + \beta_{kLm} K_{it} L_{it} M_{it} + \omega_{it} + \varepsilon_{it} \qquad (3-1)$$

其中，y 为营业收入，L 为劳动力支出，K 为资本支出，M 为中间品支出。

由式（3-1）可以得到中间品产出弹性 θ_{it} 系数如式（3-2）所示：

$$\theta_{it} = B_M + 2\beta_{MM} M_{it} + \beta_{Lm} L_{it} + \beta_{km} K_{it} + \beta_{kLm} K_{it} L_{it} \qquad (3-2)$$

最终，由全要素生产率计算公式经推导可得，市场势力测度如式（3-3）所示：

---

① De Loecker J. and Warzynski F. Markups and Firm – level Export Status ［J］. American Economic Review，2012，102（6）：2437－2471.

$$u_{it} = \frac{\theta_{it}}{\alpha_{it}} \qquad\qquad (3-3)$$

其中，u_{it} 为计算得到的市场势力，α_{it} 为中间产品在营业收入中的比重。需要指出的是，De Loecker J. 和 Warzynski F.（2012）的原始研究中，认为劳动力为稳定要素，故 α_{it} 为劳动力要素份额，但是大量研究表明，在中国情境下的实践里中间要素稳定性最强，中国学者利用中间品份额进行估计[1][2]。

课题数据来自沪深 A 股中注册地点位于江浙沪皖"三省一市"的上市公司，包括新证监会行业分类下新闻出版、软件与信息、互联网发展、文教体育用品、电信广播、文化艺术、电视电影七个细分行业，在经过样本筛选后得到 370 家企业，观察时间段为 2007～2018 年。变量的具体含义与计算公式如表 3-6 所示。

表 3-6 变量选取说明

变量名	含义	计算公式
劳动投入	公司当期的职工报酬支出，包括工资、奖金、补贴与社保	现金流量表中"支付给职工以及为职工支付的现金"这一科目
原料能源	公司从外部购得的各类要素，包括原材料、能源与辅助性劳务	现金流量表中"购买商品、接受劳务支付的现金"
资本投入	资本消耗与资本的时间价值，由折旧与机会成本两项加总而成	折旧＋公司总资产×五年期长期贷款基准利率
产出	企业投入各要素后所得到的最终产品价值	利润表中的"主营业务收入"

注：部分年份中五年期贷款基准利率出现过调整，我们按照时间长度进行加权平均得到。主要数据来自现金流量表，原因在于现金流量表相较于资产负债表与利润表而言，会计操作相对较少，能够更加真实地反映企业的经营状况。

---

① 巫强，余鸿晖. 中国制造业企业出口模式选择研究：基于市场势力和生产率的视角 [J]. 南京社会科学，2019（8）：11-21.

② 刘小鲁. 标准制订强化了市场势力吗：基于中国制造业企业数据的经验研究 [J]. 经济评论，2018（4）：101-114.

3. 实证分析与结果解读

使用 Stata15.1 对上述样本进行固定效应回归，得到如式（3-4）所示的超越对数生产函数，从而得到每一家公司各个年度的弹性系数 θ_{it}。

$$y_{it} = -4.879703 + 1.428415L_{it} + 0.3428149K_{it} + 0.573794M_{it} +$$

$$0.0197946L_{it}^2 + 0.0214245K_{it}^2 + 0.0704279M_{it}^2 - 0.1165806L_{it}M_{it} -$$

$$0.011636L_{it}K_{it} - 0.0694921K_{it}M_{it} + 0.0017071K_{it}L_{it}M_{it} \qquad (3-4)$$

在得到超越对数生产函数后，将弹性系数与中间产品份额相除后得到了每家企业的市场势力，我们以产业内各企业中位数来测度全国范围的行业整体市场势力，如表3-7所示得到2007～2012年与2013～2018年两个阶段的测度结果。实证发现：就我国整体范围而言，文化产业各个细分行业的市场竞争程度较高，市场势力整体较低，尤其是传统文化产业的市场势力处于过度竞争状态。纵向来看，后6年的市场势力相对于前6年有所提高，说明随着文化市场的繁荣与进步，一批具有竞争力的文化企业开始出现，逐步获得一定的市场话语权。

表3-7　全国文化产业市场势力测度结果

文化产业细分行业	2007～2012 年市场势力	2013～2018 年市场势力
新闻和出版业	0.7454	0.8995
广播、电视、电影和影视录音制作业	0.7691	0.9160
文化艺术业	0.5738	0.8465
电信、广播电视和卫星传输服务业	0.8677	1.0843
互联网和相关服务业	0.7920	0.9784
软件和信息技术服务业	0.7623	0.9042
文美体娱用品制造业	0.5738	0.8257

在对全国文化产业细分行业市场势力分析的基础上，我们进一步对长江三角洲文化产业上市公司的市场势力加以测度，计算结果如图3－1所示。横向来看，不同细分行业市场势力水平差异较大，在近些年份中，就出版业、影视业、文化艺术业以及文体娱制造等行业而言，市场势力相较于1仍有一定差距，整体水平偏低，这反映出传统文化产业在面对互联网技术冲击、需求饱和等问题方面，竞争力有所下降。就广播电视服务、互联网服务以及软件信息业等相对新兴的文化产业而言，市场势力接近于1，广播电视服务业由于行政垄断因素，市场势力水平甚至长期位于1以上。纵向来看，与全国范围内文化产业市场势力变化趋势不同，江浙沪皖"三省一市"的文化产业市场势力整体上呈下降趋势，这反映出长三角经济带形成了一批有经济地位的文化企业之后，市场朝着竞争性方向发展，体现出文化产业政策开始出现鼓励竞争、约束垄断的取向。

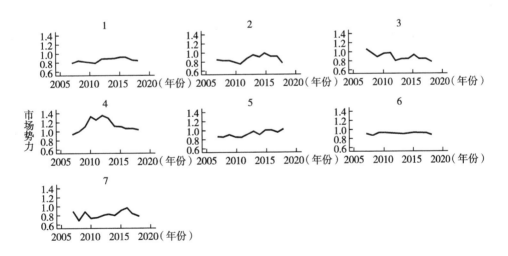

图3－1　长三角经济带文化细分产业市场势力趋势

　　基于全国与长三角经济带的文化产业细分行业市场势力测度结果，可以得到以下启示：首先，需要对部分缺乏市场势力的细分产业采取中小企业联合政策，加快对亏损企业的关停并转，将具有优势的资源进行资产重组加以集中。以出版业为例，出版业正在经历互联网冲击、媒介融合以及重整产业链等多种变革带来的阵痛，行业利润空间有所下降。据相关资料统计①，2018 年全国共出版图书、期刊、报纸、音像制品和电子出版物 465.27 亿册（份、盒、张），较 2017 年降低 4.11%。2018 年上半年，传统出版公司，如中国传媒、凤凰传媒、新华文轩和读者传媒等，利润增长下滑，2018 年上半年分别下滑 28%、0.58%、9.85% 和 59.96% 等，财务表现不佳。迟云（2009）利用产业组织理论中的 "S（结构）- C（行为）- P（绩效）" 范式对我国出版业的市场绩效做了分析，研究指出我国出版业出现了 "滞胀" 现象，经营绩效也面临像拉美国家那样 "没有发展的增长" 的困境。王简、刘英瑞和王世强（2015）通过对比中外传媒上市公司的财务状况，指出中国传媒公司竞争力相对较低，其中一个方面表现在净利润率波动较大，总体盈利能力偏低。因此，对出版企业采取联合政策，有利于抗衡上游出版社这一行政垄断主体，克服体制机制障碍。其次，在鼓励新兴文化细分产业发展的同时，警惕垄断现象的发生，严格约束行业巨头的经营行为。2020 年，集中于互联网文娱领域发生了较多争议性事件，包括视频平台的超前点播事件、阅文集团霸王合同事件、晋江文学查处事件等，其中，阅文集团霸王合同事件影响力最大，其引发的 "五五断更节" 问题进入本年度全国人民代表大会议题之中，引起了反垄断法与著作权法的关注。因此，科学合理地规制文化产业巨头尤其是互联网平台，需要合理界定财务投资与市场渗透，防止平台规模无边界扩张导致赢者通吃局面（winner - get - all）的发生。

---

① 数据分别来自中国社科院网站与前瞻产业研究院根据上市公司 2018 年上半年报整理的数据。

三、构建一体化进程中文化产业 发展政策评价体系

　　文化产业发展政策主要包括产业布局政策和产业技术政策两大类。所谓文化产业布局政策是指规划文化产业在整个国民经济和社会发展中所占的比例。例如，上海关于影视高地建设的部署、关于动漫基地和设计高地的布局等。文化产业技术政策是指导一体化文化产业升级的技术发展和技术进步政策。旨在通过技术进步、技术革新，促进文化高新技术产业的形成，推动文化产业地发展，提高本国文化产业在国际上的竞争力和综合实力。通过政策协调，建立一个科学的评价体系至关重要。

　　参考了高长春和周琦（2020）、黄天蔚和刘容志（2016）、陈颖（2016）以及邹樵和肖世姝（2017）的文献后，我们认为文化产业发展政策评价体系在内容上应包含对产业布局政策、产业技术政策以及两者协调性三个方面的评价。上述文献针对区域本土或者个别园区的文化产业政策进行评价，因此在指标上仅考虑政策在本土经济发展中的合理度与强度，然而长三角经济带一体化过程中涉及区域政策协调问题，应该单独设计指标以确保理论体系涵盖的完整性。基于此，构建指标体系如表 3 - 8 所示，分别包括产业布局发展指数、产业技术发展指数以及政策协调指数三个二级指标。政策协调指数根据陈颖（2016）为代表的研究归纳整合后得到，包含政策兼容性、政策清晰性以及政策协同性。政策协调指数的前提条件在于区域政策的相互兼容。假如"三省一市"无法树立共同愿景，价值目标之间相互冲突，那么区域政策

表3-8　文化产业发展政策评价指标体系

一级指标	二级指标	三级指标
文化产业发展政策评价体系	产业布局发展指数	创意人才集聚、文化资本集聚、文化项目与工程扶持、文化园区与平台建设、区域文化产业交易成本
	产业技术发展指数	知识产权保护程度、研发财政补贴力度、技术创新孵化进度、政产学研一体化深度、区域技术共享合作
	政策协调指数	政策兼容性、政策清晰性、政策协同性

无法共存，一体化进度将受到影响。因此，区域之间的文化政策能否反映共同利益，按照贡献和能力整合各自关切，决定了政策之间能否共生。这一维度成为政策兼容性。另外，在统筹各方政策时，不能拘泥于细枝末节，应当把握重点，突出主题，明确传达政策理念与倾向以引导企业与创意人才。施政的侧重点被企业与文化工作人员理解后，将更有利于文化产业的一体化发展进程，这就是政策清晰性。最后，政策的共存与鲜明仅是政策有效实施的前提，要达到"善治"与"良政"的程度，还要考虑政策在结构上的匹配与功能上的健全。在结构上，要确保政策在横向与纵向上受到各个层级相关机构的通力配合；在功能上，能够形成推动文化资源不断转化为文化产品的完整闭环。产业布局发展指数中，产业布局如果有利于推动文化产业一体化，那么最显著的表征在于交易成本的减少。马歇尔认为，产业的规模经济存在两种，一种是外部规模经济也叫外溢性，另一种是内部规模经济，而合理的产业布局就是正外部性内部化的过程，长三角经济带充分将外溢性内部化将减少大量不必要的交易费用。因此，交易成本被我们认为是衡量产业布局政策跨区域有效程度的一个指标。在产业技术发展指数中体现跨区域政策协调的指标为区域技术共享合作。一方面，区域一体化过程中合理的产业技术政策应当发挥上海的桥头堡作用，推动知识共享与技术合作，这一要求符合点轴理论的经济内涵；另一方面，技术发达省份扶助技术落后省份如何获取收

益也是技术共享合作政策长期持续的应有之义。

由于长三角经济带的成员不断扩充与区域协调的深入，文化产业发展政策评价指数会呈现不断提高的趋势，但这个过程一般具有先缓再快最后再缓的 S 型发展趋势。基于此，我们使用动态加权法（DWRR）评估长三角一体化过程中的文化产业发展政策。通过专家访谈，我们得到了 2013~2019 年长三角文化产业发展政策数据的赋值结果。首先，我们对三级指标进行标准化，并按照等比例原则赋予权重，求和得到二级指标，再对二级指标标准化。其次，确定每个二级指标的等级区间，我们认为每一个二级指标在不同数值区间内，属于不同的等级，在较低等级时指数过低的文化产业发展政策将无法发挥任何政策效用，此时长三角经济带的文化产业将面临严重的"木桶短板效应"，具体等级如表 3-9 所示。其中，产业布局发展指数与产业技术发展指数是均匀分布的，政策协调指数是中间厚两端薄的分布，这体现出协调政策越要完善，越有难度的趋势。再次，我们设置一个偏大型的正态分布函数作为动态加权函数，平均值为最高等级的中值，标准差在平均值确定后随之确定。最后，将权重与对应数值求和，得到评价结果如表 3-10 所示。

表 3-9　指标等级评估表

指标名称	政策等级评定区间				
	一级标准	二级标准	三级标准	四级标准	五级标准
产业布局发展指数	(0, 0.2]	(0.2, 0.4]	(0.4, 0.6]	(0.6, 0.8]	(0.8, 1.0]
产业技术发展指数	(0, 0.2]	(0.2, 0.4]	(0.4, 0.6]	(0.6, 0.8]	(0.8, 1.0]
政策协调指数	(0, 0.15]	(0.15, 0.3]	(0.3, 0.7]	(0.7, 0.85]	(0.85, 1.0]

表 3-10　DWRR 评价结果

年份	2013	2014	2015	2016	2017	2018	2019
评价结果	0.6022	0.6481	0.7163	0.7798	0.8241	0.8495	0.8512

注：根据专家评分，利用 Matlab2016 运行相关命令得到。

如表 3 - 10 所示，根据 DWRR 模型的综合评价结果，我们发现，长三角经济带的文化产业发展政策体系在 2013~2014 年的完善速度相对较慢，原先的江浙沪体系趋于稳态，文化产业发展系统的经济租金出现耗散现象。在 2014 年纳入安徽，并出台一系列推进政策后，长三角经济带有了新的涌现行为，打破了原先的路径依赖，因此 2015~2018 年发展状况良好，具有表征性的发展政策指数也迅速提高。但是在长三角经济带初步完成整合后，2019 年相较于 2018 年政策发展指数提高得不多。2019 年，长三角区域一体化发展上升为国家战略，能否抓住这一强心剂、把握政策机遇，关键在于长三角"三省一市"能否协调各自政策、明确分工，并找到新的技术增长点，形成跨区域联动。因此，需要在 2020 年进一步推动研发创新与区域科技共享，推动政产学研一体化，并高效利用财政补贴这一公共资源与风险投资这一民间资本，使文化产业跨区域发展能够突破当前瓶颈，寻找到更为雄厚的文化资本、更有开创性的创新范式与更有支撑力的科学技术。

四、构建一体化进程中文化产业
关系政策评价体系

文化产业与国际文化产业关系政策主要包括文化贸易、国际文化竞争和参与国际文化分工政策等。在加入世界贸易组织之后，这一政策的核心内容，就是保持本国文化产业政策与世界贸易组织规则的一体化。根据课题研究需要，设计本区域在参与世界文化市场竞争，在推动本区域文化产业发展，同时建立区域文化产业发展的示范性基地。把积极参与国际化产业分工与合作，作为制定本区域文化产业政策的基本指导思想之一。用经济学分工理论建立评价体系内容。

亚当·斯密最先提出了分工理论，认为分工受到了市场交换的限制，市场的广度与深度决定了分工的展开进程。杨格（1928）提出了迂回生产和社会收益递增概念，补充了"分工决定市场交换"的原理，从而形成了"斯密－杨格"定理。杨小凯（1994）提出了超边际分析法，从分工、专业化与组织内部协调三个维度对国际贸易与分工模式进行研究，创造了利用文氏定理寻找最优角点解的基于一般均衡理论解释分工模式的方法。后来的全球价值链（GVC）理论、模块化理论均参考了这一理论，典型的研究有胡黎明和赵瑞霞（2016）的文献。按照杨小凯的超边际分析法，产业的分工存在三种模式：自然分工、局部分工与模块分工。然而，根据凡勃仑的有闲经济理论，文化创意产品或服务的消费具有一定的品位要求，彰显消费者的社会地位，因此这种商品并不符合自给自足的条件，不会出现自然分工。同时，文化创意产品是功能价值与文化价值的有机组合，在开发过程中存在一定的技术复杂性，无法做到彻底的标准化，因此完全的模块分工也无法达成。基于此，我们认为江浙沪皖四个地区在发展文化产业时采用的是局部分工模式，即"三省一市"在选择文化产业时存在一定的侧重，但是各类文化产业均会在该地区有所发展。按照序贯生产理论，如图3－2所示，文化产业价值链存在三种结构：①文化制造业企业独立制造出文体娱用品或手工艺品等文创产品，并将它卖给文化流通业企业。②文化服务业企业独立创造出动画、广告等文化服务，并通过线上或线下渠道卖给下游流通商。③文化服务业开发出具有商业价值的IP，并将它授权于文化制造业，从而文化制造业生产大量衍生品销售给下游流通商。在文化价值链运行的整体过程中，将概念、设计与模型为主的IP开发活动渗透在各个环节中。不同省市会选择各自具有比较优势的价值环节侧重发展，但是由于交易费用的存在，无法将完全外包处于比较劣势的产业给其他省市。因此，合理的分工政策必然有巨大的结构红利，我们利用偏离—份额分析法（SSA）来衡量长三角经济带文化产业分工的有效性。

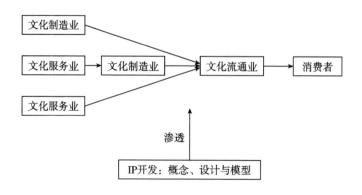

图 3 - 2　文化产业价值链

借鉴程玉、杨勇和刘震（2020）的做法，设 KP^t 为旅游业在 t 期的总体资本生产率水平，Y^t 表示旅游业在 t 期的总产出，K^t 表示旅游业在 t 期的总资本投入，KP_i^t 表示旅游行业 i 在 t 期的资本生产率水平，S_i^t 表示旅游行业在 t 期的资本占比。对应地，所有变量在 0 期的含义与上述相同，那么，旅游业总体资本生产率如式（3 - 5）所示：

$$KP^t = \frac{Y^t}{K^t} = \sum_{i=1}^{3} \frac{Y_i^t}{K_i^t} \frac{K_i^t}{K^t} = \sum_{i=1}^{3} KP_i^t S_i^t \qquad (3-5)$$

对上式进行扩展后，可将区域文化产业总体资本生产率增长率分解为 3 个不同部分，如式（3 - 6）所示：

$$\frac{KP^t - KP^0}{KP^0} = \frac{\sum_{i=1}^{3} KP_i^0 (S_i^t - S_i^0)}{KP^0} + \frac{\sum_{i=1}^{3} (KP_i^t - KP_i^0)(S_i^t - S_i^0)}{KP^0} + $$

$$\frac{\sum_{i=1}^{3} (KP_i^t - KP_i^0) S_i^0}{KP^0}$$

$$(3-6)$$

式（3-6）右边第一部分是"静态结构变动效应"，体现资源初始配置时资本流动引致的文化产业生产率的提高。第二部分是"动态结构变动效应"，衡量资本要素比重与资本生产率是否同向变动。第三部分是"行业内部增长效应"，衡量的是保持结构不变这一条件，文化产业内部生产率提高导致的总体生产率提高。计算结果具体如表3-11所示，我们发现绝大多数地区总体资本生产率为负，而行业内部增长为正，说明问题主要在于分工结构。在多数年份中，大多数地区的静态结构变动效应与动态结构变动均为负数，说明长三角经济带文化产业分工并不合理，"结构负利"相较于"结构红利"而言更为明显。这一计算结果表明，长三角经济带文化产业分工并不清晰，"三省一市"存在大量雷同产业，一方面，浪费资源，也许引起恶性竞争；另一方面，地区比较优势尚未发挥，区域性特殊文化资源开发力度不够，并未能较好地发挥市场机制在文化产业化过程中的作用。

表3-11　SSA 计算结果表

地区	年份	总体资本生产率变动	静态结构变动	动态结构变动	行业内部增长
上海	2014	-0.038445597	-0.008823172	0.000153812	-0.029776237
江苏	2014	0.084153659	-0.007346414	-0.002991693	0.094491766
浙江	2014	-0.03765498	-0.0296448	-0.000839169	-0.00717101
安徽	2014	0.042687191	0.051252348	-0.027772774	0.019207617
上海	2015	-0.158020094	-0.139387125	-0.048289117	0.029656148
江苏	2015	0.206561739	0.023324241	-0.043397282	0.22663478
浙江	2015	-0.062330419	-0.077050483	-0.009542069	0.024262133
安徽	2015	-0.03119321	0.01762478	-0.051348282	0.002530292
上海	2016	-0.263396264	-0.141251985	-0.012187305	-0.109956975
江苏	2016	0.137797936	0.002811965	-0.06110515	0.196091122

续表

地区	年份	总体资本生产率变动	静态结构变动	动态结构变动	行业内部增长
浙江	2016	− 0. 096840093	− 0. 09628415	0. 003272918	− 0. 003828861
安徽	2016	− 0. 077195138	0. 06267423	− 0. 149475666	0. 009606298
上海	2017	− 0. 347017704	− 0. 189065918	− 0. 028961465	− 0. 128990321
江苏	2017	− 0. 008181264	− 0. 05024517	− 0. 107349899	0. 149413806
浙江	2017	− 0. 062014738	− 0. 124897152	0. 036127867	0. 026754547
安徽	2017	− 0. 205066468	− 0. 095463332	− 0. 125954875	0. 016351739
上海	2018	− 0. 308254884	− 0. 198937693	− 0. 03739137	− 0. 071925821
江苏	2018	− 0. 036322833	− 0. 145270573	− 0. 067100658	0. 176048398
浙江	2018	0. 014174863	− 0. 124352995	0. 066085032	0. 072442826
安徽	2018	− 0. 233675149	− 0. 079622108	− 0. 163532914	0. 009479874

五、本章小结

本书梳理了产业结构理论、产业组织理论、产业发展理论以及产业关系理论的经典观点，从而对长三角经济带"三省一市"文化结构产业政策、文化产业组织政策、文化产业发展政策以及文化产业关系政策进行了评价，分析了江浙沪皖"三省一市"文化产业相关政策在横向与纵向上的特点。其中，长三角经济带文化产业政策运行结果的部分重要特征与全国文化产业发展状况有所区别，反映出长三角经济带文化产业发展的领先性与产业政策的具体性、独特性以及针对性。

第四章 一体化进程中文化产业政策体系共生机制研究

　　文化产业政策体系是长三角一体化国家战略实施过程中极为重要的组成部分，正确认识和理解长三角一体化背景下的文化产业政策体系现状、实施效果和未来发展道路，对于长三角文化发展自身的繁荣以及与经济社会发展的相互促进，都有着迫切的时代意义。基于此，本书将从当前一体化进程中文化产业相关政策的出台与推进出发，通过对文化产业政策实施效果进行分析，提出未来一体化进程中文化产业政策体系共生机制构建的行动方案，以期为长三角文化一体化格局的形成提供政策指导。

一、一体化进程中各省市文化产业政策出台及推进

　　在经济新常态下，沪浙皖苏"三省一市"充分发挥自身资源禀赋，优化

人才、科技和市场等条件，先后出台《关于加快本市文化创意产业创新发展的若干意见》（"上海文创50条"）、《关于加快把文化产业打造成为万亿级产业的意见》（浙江）、《浙江省文化产业人才发展规划（2017—2022年）》、《关于加快提升文化创意和设计服务产业发展水平的意见》（江苏）、《关于促进文化科技融合发展的二十条政策措施》（江苏）、《安徽省推进文化创意和设计服务与相关产业融合发展行动计划》（安徽）等促进本区域文化产业发展的意见及相关政策，具体政策目录如表4-1所示。

表4-1　"三省一市"文化产业促进政策

发布日期	发布部门	政策文件
2018年5月4日	上海市金融服务办公室	中共上海市委宣传部、上海市文化广播影视管理局、上海市发展和改革委员会等关于印发《关于促进上海动漫游戏产业发展的若干实施办法》的通知
2018年5月4日	上海市金融服务办公室	中共上海市委宣传部、上海市文化广播影视管理局、上海市发展和改革委员会等关于印发《关于促进上海网络视听产业发展的实施办法》的通知
2018年5月4日	上海市金融服务办公室	中共上海市委宣传部、上海市文化广播影视管理局、上海市发展和改革委员会等关于印发《关于促进上海影视产业发展的实施办法》的通知
2018年5月4日	上海市金融服务办公室	中共上海市委宣传部、上海市文化广播影视管理局、上海市发展和改革委员会等关于印发《关于促进上海艺术品产业发展的实施办法》的通知
2018年5月4日	上海市金融服务办公室	中共上海市委宣传部、上海市文化广播影视管理局、上海市发展和改革委员会等关于印发《关于促进上海演艺产业发展的实施办法》的通知
2017年12月12日	上海市人民政府	中共上海市委、上海市人民政府印发《关于加快本市文化创意产业创新发展的若干意见》
2015年4月28日	上海市文化创意产业推进领导小组办公室	上海市财政局、上海市文化创意产业推进领导小组办公室关于印发《上海市促进创意设计产业发展财政专项资金实施办法》的通知（2015修订）

续表

发布日期	发布部门	政策文件
2015 年 1 月 9 日	上海市人民政府	上海市人民政府关于贯彻《国务院关于推进文化创意和设计服务与相关产业融合发展的若干意见》的实施意见
2012 年 7 月 26 日	上海市文化广播影视管理局	上海市文化广播影视管理局关于公布《上海动漫游戏产业发展扶持奖励办法（2012 年版）》的通知
2011 年 7 月 18 日	上海市文化广播影视管理局	上海市文化广播影视管理局关于公布《上海动漫游戏产业发展扶持奖励办法（2011 年版）》的通知
2010 年 9 月 7 日	上海市文化广播影视管理局	上海市文化广播影视管理局关于发布《上海动漫游戏产业发展扶持奖励办法（2010 年版）》的公告
2010 年 7 月 19 日	中国保险监督管理委员会上海监管局	上海市委宣传部、市金融办、市发展改革委等关于印发《上海市金融支持文化产业发展繁荣的实施意见》的通知
2008 年 9 月 25 日	上海市新闻出版局	中共上海市委宣传部、上海市文化广播影视管理局、上海市新闻出版局关于印发《上海市文化产业示范基地建设推进办法（试行）》的通知
2008 年 9 月 25 日	上海市经济委员会	中共上海市委宣传部、上海市文化广播影视管理局、上海市新闻出版局、上海市经济委员会关于印发《上海市文化产业园区认定办法（试行）》的通知
2005 年 9 月 9 日	上海市地方税务局	上海市财政局、上海市国家税务局、上海市地方税务局《关于文化体制改革试点中支持文化产业发展若干财税政策的实施意见》
2017 年 12 月 18 日	浙江省委宣传部、浙江省委人才工作领导小组办公室	浙江省委宣传部、浙江省委人才工作领导小组办公室发布《浙江省文化产业人才发展规划（2017—2022 年)》
2017 年 9 月 26 日	中共浙江省委　浙江省人民政府	中共浙江省委、浙江省人民政府《关于加快把文化产业打造成为万亿级产业的意见》
2016 年 9 月 28 日	浙江省人民政府	浙江省人民政府办公厅关于印发《浙江省文化产业发展"十三五"规划》的通知
2015 年 5 月 18 日	浙江省人民政府	浙江省人民政府办公厅《关于进一步推动我省文化产业加快发展的实施意见》

续表

发布日期	发布部门	政策文件
2015 年 1 月 19 日	中共浙江省委员会	浙江省财政厅、中共浙江省委宣传部关于印发《浙江省文化产业发展转移支付资金管理办法》的通知
2011 年 1 月 7 日	浙江省人民政府	浙江省人民政府关于印发《浙江省文化产业发展规划（2010－2015）》的通知
2006 年 7 月 25 日	浙江省发展和改革委员会	浙江省发展和改革委员会关于印发《浙江省文化产业项目投资指南》的通知
2015 年 5 月 19 日	江苏省文化厅	江苏省文化厅关于印发《江苏省重点文化产业示范园区、重点文化产业示范基地认定管理办法》的通知
2015 年 4 月 7 日	江苏省人民政府	江苏省政府《关于加快提升文化创意和设计服务产业发展水平的意见》
2013 年 5 月 7 日	江苏省人民政府	江苏省人民政府办公厅《关于进一步加强文化产业园区（基地）建设的意见》
2013 年 4 月 1 日	江苏省新闻出版版权局	江苏省财政厅、江苏省文化厅、江苏省广播电影电视局、江苏省新闻出版局关于印发《江苏省省级现代服务业（文化产业）发展专项引导资金使用管理办法》的通知（2013 修订）
2011 年 3 月 23 日	江苏省新闻出版版权局	江苏省财政厅、江苏省文化厅、江苏省广播电影电视局、江苏省新闻出版局关于印发《江苏省省级现代服务业（文化产业）发展专项引导资金使用管理办法》的通知（2011 修订）
2010 年 7 月 12 日	江苏省人民政府	江苏省人民政府《关于加快文化产业振兴若干政策的通知》
2007 年 1 月 26 日	江苏省人民政府	江苏省政府办公厅转发省文化厅等部门《关于文化产业引导资金使用管理办法（试行）》的通知
2006 年 11 月 6 日	江苏省人民政府	江苏省政府办公厅转发省文化厅等部门《关于加快动漫产业发展若干意见》的通知
2006 年 9 月 19 日	江苏省人民政府	江苏省政府《关于加快文化事业和产业发展若干经济政策》的通知
2004 年 10 月 22 日	江苏省人大（含常委会）	江苏省人民代表大会常务委员会《关于加快发展江苏省文化产业的决议》

续表

发布日期	发布部门	政策文件
2014 年 11 月 26 日	安徽省人民政府	安徽省人民政府办公厅关于印发《安徽省推进文化创意和设计服务与相关产业融合发展行动计划》的通知
2012 年 5 月 11 日	安徽省人民政府	中共安徽省委办公厅、安徽省人民政府办公厅印发《关于加快文化产业发展的若干政策意见》《关于加快建设省级文化产业园区（基地）的若干政策意见》《关于加强农村公共文化服务体系建设的若干政策意见》等六个进一步加快文化强省建设配套文件的通知
2009 年 9 月 28 日	安徽省人民政府	安徽省人民政府办公厅《关于加强文化产业统计工作》的通知
2007 年 11 月 2 日	安徽省人民政府	安徽省人民政府关于发布《安徽省社会资本和外资投资文化产业指导目录》的通告
2003 年 12 月 27 日	安徽省人民政府	安徽省人民政府关于印发《安徽省文化产业发展规划纲要》的通知
2001 年 12 月 31 日	安徽省人民政府	安徽省人民政府《关于继续支持文化事业促进文化产业发展若干经济政策》的通知

　　结合制度创新政策视角和生态共生的理论视角，长三角文化产业一体化进程中，"三省一市"地方政府部门出台了以"环境—资源—组织—能力"为基础框架的文化产业相关管理适配机制，从区域共生发展、加强区域组织、打通内部资源网络和交流沟通等顶层设计出发，出台落地切实可行的文化产业共生政策。如《关于支持长三角生态绿色一体化发展示范区高质量发展的若干政策措施》（上海、江苏、浙江）、《关于支持和保障长三角经济带更高质量一体化发展的决定》（浙江）、《关于支持和保障南京都市圈共建长三角一体化高质量发展合作示范区的决定》（江苏南京）、《长三角一体化高质量发展宣城行动方案》（安徽宣城）等，具体政策清单见表 4 - 2。

表 4-2　长三角一体化进程中文化产业共生政策

发布日期	发布部门	政策文件	文件内容摘要
2020 年 6 月 10 日	上海市人民政府 江苏省人民政府 浙江省人民政府	上海市人民政府、江苏省人民政府、浙江省人民政府印发《关于支持长三角生态绿色一体化发展示范区高质量发展的若干政策措施》的通知	■鼓励农业生产和村庄建设等用地复合利用，促进农业与旅游、文化、教育、康养等产业的深度融合 ■联合打造示范区全域旅游智慧平台，共建江南水乡古镇生态文化旅游圈，创建国家全域旅游示范区 ■联合开展考古研究和文化遗产保护，积极推进江南水乡古镇联合申遗 ■实现示范区城市阅读、文化联展、文化培训、体育休闲、旅游一卡通、一网通、一站通、一体化
2019 年 10 月 26 日	国家发展和改革委员会（含原国家发展计划委员会、原国家计划委员会）	国家发展改革委关于印发《长三角生态绿色一体化发展示范区总体方案》的通知	■构建便捷、绿色、智能、安全的现代化基础设施体系，建立多层次、跨区域、高水平的公共服务网络，打造凸显江南水乡特点的文化标识地 ■人文创新融合，依托古镇群落和风貌区组团，融入创新创意基因，构建更富魅力、彰显特色的江南水乡文化景观风貌 ■建设著名文化生态湖区 ■推动湖区水乡古镇文化休闲和旅游资源综合开发利用，形成文化休闲生态战略新空间 ■打造江南水乡文化品牌 ■联合建设物质和非物质文化遗产保护体系，合作开展地方戏曲振兴、传统工艺传承、曲艺传承发展等文化工程 ■挖掘名镇名村、传统村落历史文化价值，保护传统文化遗产 ■推动古镇群落文化休闲和旅游资源的联动开发，打造江南水乡古镇生态文化旅游圈 ■建设一体化示范区智慧大脑，推进跨区域数据信息共享，实现交通、旅游、文化、环保等"智能+"应用场景 ■增加多层次、高水平的教育、医疗、文化等公共服务资源供给，布局建设一批重点项目

续表

发布日期	发布部门	政策文件	文件内容摘要
2019 年 10 月 26 日	国家发展和改革委员会（含原国家发展计划委员会、原国家计划委员会）	国家发展改革委关于印发《长三角生态绿色一体化发展示范区总体方案》的通知	■探索以社会保障卡为载体建立居民服务"一卡通"，在交通出行、旅游观光、文化体验等方面率先实现"同城待遇" ■聚焦生态环境、食品药品、文化旅游、产品质量等重点领域，统一信用治理，建立以信用为基础的市场监管机制
2019 年 8 月 9 日	嘉兴市人大（含常委会）	嘉兴市人民代表大会常务委员会《关于推进全面融入长三角一体化发展首位战略实施打造以一体化推动高质量发展典范的决定》	■要按照"12410"总体思路，着力打造长三角核心区枢纽型中心城市、面向未来创新活力新城、国际化品质江南水乡文化名城、协同开放高质量发展示范地，把嘉兴建设成为长三角城市群、杭州湾北岸强劲活跃的璀璨明珠
2019 年 6 月 21 日	盐城市人大（含常委会）	盐城市人民代表大会常务委员会《关于促进接轨上海融入长三角的决定》	■适应上海旅游、养老多样化需求，充分利用盐城生态湿地、红色文化等资源，大力发展健康休闲、养生养老产业，加快推进精品线路、特色景区和重点项目建设，丰富度假休闲、运动娱乐、低空飞行等旅游新业态、新产品的供给，提升功能配套水平，努力打造"长三角生态旅游康养基地" ■加快发展生产性服务业，重点发展文化创意产业、现代物流、金融保险、信息中介等产业，提高产业配套能力，为吸引上海及长三角企业提供支撑 ■进一步加强与上海教育医疗文化等领域的合作，加快引进优质的教育医疗文化资源，实现与上海密切合作、互动互利、共同发展
2019 年 2 月 22 日	宁波市人民政府	宁波市人民政府办公厅关于印发《宁波市推进长三角合作近期工作要点》的通知	■推进大运河（宁波段）文化带建设工作，深入挖掘遗产价值内涵，发挥运河资源多重效益

续表

发布日期	发布部门	政策文件	文件内容摘要
2018 年 11 月 30 日	浙江省人大（含常委会）	浙江省人民代表大会常务委员会《关于支持和保障长三角经济带更高质量一体化发展的决定》	■加强与上海、江苏、安徽的专题合作，聚焦交通、能源、产业、信息、环保、公共服务、市场融合等重点领域，在规划对接、基础设施、环保联防联控、产业发展布局调整、改革创新联动、文化交流和人才合作等方面取得实质性突破，在构建信息服务平台互联互通、大型科学设施协作共享、异地就医直接结算、公共交通异地扫码通行、民生档案异地查询等方面取得合作性成果，提升长三角经济带人民群众的获得感、幸福感、安全感
2018 年 7 月 10 日	中共宣城市委、宣城市人民政府	中共宣城市委、宣城市人民政府关于印发《长三角一体化高质量发展宣城行动方案》的通知	■深化景区共建、游客互送、营销互惠、人才互流等领域合作，联合推介长三角黄金旅游线、自驾旅游、文旅研学、红色旅游、健康养生等精品旅游线路，共同推进区域文化旅游产业一体化高质量发展 ■加强与长三角城市的文化互动互鉴、合作交流，拓展文化建设途径、丰富文化服务形态，更好地满足广大市民多样性、个性化的精神文化需求 ■充分发挥绿色、生态、文化优势，加快谋划、布局一批健康养老、健康旅游、健康食品、健康养生、健康体育类项目，积极发展大健康产业 ■继续选派优秀中青年干部赴沪苏浙发达地区挂职锻炼、插班培训，重点学习改革创新、园区建设、城市建设管理、生态文明建设、文化旅游等方面的先进经验和做法
2019 年 6 月 14 日	南京市人大（含常委会）	南京市人民代表大会常务委员会《关于支持和保障南京都市圈共建长三角一体化高质量发展合作示范区的决定》	■本市加强与都市圈其他城市在医疗、教育、养老、文化旅游和公共交通等民生领域的务实合作，推动优质公共服务资源共享，提升都市圈公共服务的共建共享水平

续表

发布日期	发布部门	政策文件	文件内容摘要
2017年10月17日	上海市经济和信息化委员会、江苏省经济和信息化委员会、原浙江省经济和信息化委员会、安徽省经济和信息化委员会	上海市经济信息化委、江苏省经济信息委、浙江省经济信息化委、安徽省经济信息化委关于印发《长三角区域信息化合作"十三五"规划（2016—2020年）》的通知	■促进"互联网＋"为教育、文化、卫生领域发展赋能 ■实施网络文艺发展文化工程
2011年3月2日	杭州市人民政府	杭州市人民政府办公厅转发市经合办《关于杭州市2011年接轨上海参与长三角合作与交流工作意见》的通知	■突出"城市国际化"战略，不断增强城市综合实力、创新能力、可持续发展能力和国际竞争力，全面建设高技术产业基地、国际知名的旅游休闲中心、全国文化创意中心、电子商务中心和区域性金融服务中心，更好地服务长三角经济带

二、一体化进程中文化产业政策实施效果

长三角一体化进程中一系列文化产业政策的实施，推动文化产业结构深层次调整，推动从数量增长向提质增效转型。具体体现在以下六个方面：

1. 文化产业发展领跑全国

2014～2017年，长三角区域文化产业增加值始终位居中国七大区域之首，年均增速达11.45%，高于同期GDP年均增速2.18个百分点。2017年，

长三角经济带文化产业增加值实现 10351.2 亿元，同比增长 9.57%，是我国首个文化产业增加值占 GDP 比重突破 5% 的核心区域，文化产业增加值占全国总量的近 1/3。2018 年，长三角区域文化产业主营业务收入达 32183.7 亿元，从业人员达 510.9 万人，资产总计约达 69752.9 亿元，各项指标持续位居全七大区域之首。其中，法人单位数和从业人员数约占全国总数的 1/4，主营业务收入和资产总计约占全国总数的 1/3。

2. 市场主体持续扩大

在区域整体范围内，2018 年，长三角经济带文化产业法人单位数达 49.19 万家，比 2008 年增加 36.84 万家，十年增幅约达 300%。区域内三省一市法人单位规模，浙江、江苏、上海和安徽分别从 2008 年的 4.43 万个、3.72 万个、2.9 万个和 1.3 万个，增加到 2018 年的 15.44 万个、21.15 万个、4.47 万个、8.13 万个。十余年来，特别是浙江、江苏两地分别增长了 248.5% 和 468.5%。在连续十年公布的全国文化企业 30 强中，长三角经济带文化企业占全国总数的 34%，遥遥领先；上海东方明珠新媒体、浙报集团、江苏凤凰出版传媒、安徽新华发行集团和宋城演艺、华策影视等一批国有和民营龙头企业榜上有名。截至 2019 年，长三角经济带累计共有上市文化产业 89 家，上市挂牌企业超过 400 家。同时，长三角拥有全国第一个国家级文化产业交易所，先后成立文化产业基金 151 支，募资总额超 4000 亿元，资产规模和市场竞争力都处于世界领先水平。

3. 行业优势名列前茅

通过多年发展，长三角经济带的新闻媒体、广播影视、会展服务、出版印刷、动漫游戏、演艺娱乐和文化装备等行业门类的发展水平和产业规模均位居全国前列。在广播节目制作方面，2018 年，长三角经济带全年制作广播时间为 137.31 万小时，遥遥领先于中国其他六大区域，占全国全年制作广播时间的 17.13%。在艺术表演方面，2018 年，长三角经济带拥有艺术表演团体机构 5348 个，全年营收达 111.59 亿元，国内观众达 4.54 亿人次，各项数据均占全国总数的 30% 以上，位居全国七大区域之首。在动漫游戏方面，2018 年，长三角经济带已有动漫企业 142 个，位居全国第一，从业人员达 5023 人，营业收入达 17.54 亿元，仅次于包含广东省、福建省这两个动漫大省的东南地区。在影视产业方面，长三角经济带的"三省一市"共同发起设立长三角电影发行放映联盟，助力推进长三角电影更高质量发展。2019 年 11 月，华策影视与上海市松江区正式签约合作，建设华策长三角国际影视中心，打造推动浙产影视"走出去"的国际化平台。

4. 联动机制日益完善

2018 年，在设立长三角区域合作办公室的基础上，制订出台了《长三角经济带一体化发展三年行动计划（2018—2020 年）》，建立 G60 科创走廊等一批跨区域合作平台，三级运作、统分结合的长三角区域合作机制有效启动。同年起，"三省一市"党委宣传部连续联合主办长三角国际文化产业博览会，以此作为区域联动的重要活动之一。在首届长三角文博会举办期间，推出长三角红色文化旅游区域联盟、长三角文化金融合作服务平台、长三角影视制作基地联盟、长三角电子竞技产教协同创新中心等一系列文化一体化发展合作项目，以跨域合作、专业整合的方式，推动长三角文化产业向更高质量的一体化发展迈进。2019 年，第二届长三角文博会以"建设长三角文化产业共同体"为主题，以展览、论坛、"区域联动"活动为三大主体，展览面积达 5.4 万平方米，规模较首届增长 2 倍多，共有 870 家参展商、来自 22 个国家和地区的 109 家海外文化机构参展。展会期间，同步举办了 16 场论坛、3 场"区域联动"活动、66 场发布活动和 5 场专题经贸配对会。2019 年 5 月，中国长三角网络电台正式开播，以人工智能、大数据等技术手段为支撑的网络电台成为长三角新闻融媒体平台的官方电台。2019 年 7 月，《长三角区域印刷业一体化发展升级指南》发布，旨在通过强化统筹协调、制度设计和创新驱动，推动长三角区域印刷业实现更高质量的一体化融合发展。

5. 文化科技态势良好

2019 年 10 月，中国人民大学发布《中国文化和科技融合发展战略研究报告》，提出我国文化科技发展初步形成了"三极、一带、多中心"的区域布局，长三角区域便是"三极"中的重要一极。目前，长三角经济带共有上海张江、安徽合肥 2 个综合性国家科学中心，占全国总数的1/2，拥有杭州、宁波、横店、合肥等国家级文化和科技融合示范基地 14 个，占全国总数的1/4。同时，长三角集中了全国 1/4 的双一流高校、国家重点实验室、国家工程研究中心等科技孵化机构。2018 年，长三角区域文化研发经费内部支出达 169.56 亿元，有效发明专利总数为 11565 个，新产品开发项目达 9248 个。其中，年文化研发经费支出和新产品开发项目均超过全国总数的1/3，有效发明专利数超全国总数的1/4；上海、杭州、南京、合肥的研发强度均超过 3%。这些因素成为推动地区文化科技融合向纵深发展的重要支撑条件。上海虚拟现实产业约占全国市场 1/4 的份额，并率先在国内培育了上海证大喜玛拉雅中心、文定生活文化创意产业园等一批具有影响力的虚拟现实特色文化产业园区。江苏在 3D 动漫技术引擎、动作仿真、数字媒体创作等一批关键技术领域实现突破，并在省内培育了江苏大剧院、南京游族信息、南京炫佳网络等一批科技孵化型企业。浙江顺应"文化+"和"互联网+"的发展趋势，发挥全国首个国家级信息经济示范区的建设优势，构建县域、园区、基地等多平台支撑的数字文化产业发展空间布局。安徽多措并举，打破"次元壁"，产业跨域融合多元共生。安徽省级层面设立总规模20亿元的引导基金，推动智能技术在文化领域的创新应用，促进科技成果转化，目前形成了以智能语音、数字出版、动漫游戏等为重点的产业集群。

6. 国际合作交流广泛

在文化产业国际合作方面，长三角经济带是我国文化产业对外交流最广泛、对外文化贸易最发达的地区之一，这里形成了全国领先的国家对外文化出口重点企业集群和文化出口重点项目集群，并连续10年在全国保持优势。在335家2019~2020年度国家文化出口重点企业和129个2019~2020年度国家文化出口重点项目中，长三角经济带文化企业和文化项目分别达105家和32个，分别约占全国总数的1/3和1/4。同时，长三角经济带拥有中国第一个国家对外文化贸易基地、全国唯一以出口为导向的国家级影视产业园区、有史以来投资额最大的中美合资文化产业项目等众多国际合作项目，推动长三角成为中外文化产业合作规模最大、最有成效的地区之一。此外，长三角也是全国对外文化投资最为活跃、规模最大的地区，既有与发达经济体开展文化产业合作，也有向发展中经济体进行文化产业投资，为加快区域文化产业提质增效和中华文化走向世界做出积极的贡献。

三、构建一体化进程中文化产业政策
体系共生机制的方案

1. 构建文化产业政策体系共生机制的战略意义

构建长三角一体化进程中文化产业政策体系共生机制具有三方面重要战略意义。第一，有利于增强长三角城市群的文化认同感，通过彼此之间的文化交流和联动发展破除文化传递和交融的壁垒，加速区域一体化进程的推进。第二，有利于促进长三角城市群产业的转型升级。文化产业可提升传统产业的内在价值、品牌、信息化和集约化水平，不断推动经济发展、优化经济结构。第三，有利于提升长三角城市群的综合竞争力。城市竞争力的提升越来越依赖于文化产业的发展。提升长三角城市群的综合竞争力，必须依赖文化产业的发展，促进城市群文化产业的协同，从而提高长三角城市群文化产业的影响力和辐射力，实现综合竞争力的提升。

2. 推进文化产业政策体系共生机制建设的整体思路

作为当今中国经济最活跃的地区之一，长三角在文化产业发展中的领先地位基本得到确认，这与区域文化产业协同发展的科学性和正确性密不可分。长三角区域内文化产业的共生创新系统中，企业资源获取、人才良性发展是主要的内在动机，制度保障、科研院所、产业环境和国际交流合作是必不可少的外在要素。其中，政府是组织协调和政策保障的主体，通过制定相关政策和行政法规，引导和监管产业发展的方向，并对创新活动进行宏观调控。企业是协同创新过程中技术创新的投资者、需求者、组织者和应用者，是文化市场的主体，对于产业协同创新发展具有决定性作用。人才是产业创新发展的智力支撑，人才的大量流入和引进为文化产业提供重要人力资源和创新主体。科研院所是知识创新主体，是前沿知识和先进技术的创新者、传播者，也是创新氛围的主要营造者。产业环境离不开政府、企业、科研院所和中介机构等要素的共同营造，是创新主体健康、可持续发展的客观需要，是推动产业高质量发展的重要因素。此外，国际交流合作是我国文化产业得以"请进来"和"走出去"的前提条件，是提升国际竞争力和文化软实力的必经之路。

基于对长三角文化产业政策现状和协同发展要素的深入研究，应从强化协同发展、释放市场活力、融合文化科技和扩大产业辐射等多路径推进长三角文化产业政策体系共生机制的形成。

一是强化协同发展。2016 年 6 月，国家发改委发布实施《长江三角洲城市群发展规划》，推动口岸资源强强联合、重大基础设施基本联通、生态环境联动共保等进程加快，"同城化"效应逐渐显现。长三角文化产业区域一体化协同发展，将成为地区文化产业发展的基本方向。2018 年初，被誉为"神经中枢"的长三角区域合作办公室在上海成立，发挥了信息交互和统筹协调作用。随后，《长三角经济带一体化发展三年行动计划（2018—2020年)》发布，"三省一市"的区域发展有了官方共同认可和遵循的"行动路线图"与任务时间表。近年来，《浙江省推进长江三角洲区域一体化发展行动方案》《安徽省实施长江三角洲区域一体化发展规划纲要行动计划》《关于进一步加快上海国际金融中心建设和金融支持长三角一体化发展的意见》等陆续出台，决策部门协调机制、行政审批联动机制、市场数据共享机制等机制相继建立，为促进区域文化产业资源的有效流转、优化配置，以及区域文化产业的协同发展和产城融合奠定了良好的基础。

二是释放市场活力。文化市场活力的有效释放，离不开市场统一、合作开放、竞争有序和内需扩大等要素。长三角是我国市场经济较为发达的地区之一，近年来按照国家政策的要求，大力推进文化体制改革向纵深发展，成效显著。尤其自 2017 年来，上海出台了《新一轮服务业扩大开放若干措施》，浙江发布了《关于推进文化浙江建设的意见》，江苏出台了《完善促进消费体制机制行动方案（2019—2021 年）》《关于完善促进消费体制机制进一步激发居民消费潜力的实施意见》，安徽全面实施市场准入负面清单制度，各地陆续建立规范而开放透明的文化市场准入管理模式，引导各类资本进入文化企业，完善要素市场建设。国有文化企业公司股份制改革基本完成，如江苏凤凰出版传媒集团、浙报传媒控股集团、上海世纪出版集团和安徽新华发行集团等一批国有文化企业的行业领先地位日益凸显。民营文化企业竞争力不断提升，东方明珠新媒体股份有限公司、宋城演艺发展股份有限公司、浙江华策影视股份有限公司等一批民营企业连续多年蝉联中国文化企业 30 强，民营资本、社会资本的活力进一步得到释放。地区居民文化消费总量和规模进一步增长，文化消费电子商务平台和公共文化消费基础设施投入不断加大。区域文化产业市场主体的活力和产业发展的动力不断增强。

三是融合文化科技。数字经济、网络化和智能化技术的迅猛发展催生了全新的文化生产体系，但科技对文化建设支撑的潜力尚未充分释放。2019 年10 月中国人民大学发布的《中国文化和科技融合发展战略研究报告》显示，文化和科技的融合将主要呈现为催生文化新业态、助力产业升级、进入消费领域，以及融入实体经济和制造领域四个方面。近年来，长三角经济带积极响应并落实国家创新驱动和供给侧结构性改革战略，文化科技创新和文化消费逐渐成为增长动力。随着 G60 科创走廊（含上海、嘉兴、杭州、金华、湖州、苏州、宣城、芜湖、合肥 9 市）、杭合创新带等重要平台的深化布局和科创走廊"零距离"综合审批制度改革，长三角科技资源共享服务平台建设加快推进，长三角文化产业发展将打通文化和科技融合的"最后一公里"，进一步提升文化科技创新能力，转变文化产业发展方式，为高质量文化供给提供强有力的支撑。

四是扩大产业辐射。文化是一个民族的精神和灵魂，是国家发展和民族振兴的强大力量，提升文化软实力已成为世界各国比拼综合国力的战略选择。国家"一带一路"建设的推进及上海自贸区桥头堡作用的进一步放大，使长三角文化产业的服务半径在未来将得到极大扩展，辐射范围将从全国、东南亚地区拓展到全球主要国家和地区，进一步推动长三角文化"走出去"。随着国际交流日益频繁、文化竞争愈加激烈，长三角经济带加快文化产业发展和提升产业区域竞争力日益重要和紧迫。"三省一市"将充分利用此次战略契机，对标国际水平，加大优秀文化产品和服务开发的力度，加快地区优秀传统文化及其创新产品服务"走出去"的步伐，推动创意设计、影视制作、动漫领域等版权贸易服务做强做大，提升长三角在全球的文化影响力和国际美誉度。

3. 建设文化产业政策体系共生机制的现实挑战

长三角经济带文化产业的协同共生不是单个主体或要素的行为，而是系统内多元创新主体共同参与、相互作用、协同合作的整体行为。区域内，各要素都具有动态发展和多元协作的多维协同关系，在其互相传递、合作、协同进程中，释放着产业潜能和活力。虽然目前长三角区域的文化产业综合实力已经达到全国领先水平，形成了自身的协同共生机理。然而，根据协同共生分析理论，仍然会发现一系列亟待破解的瓶颈问题。

一是发展不平衡不充分。由于地理位置、资源禀赋和产业结构等不尽相同，沪浙皖苏"三省一市"的发展水平不一，各省份内也存在发展相对缓慢的地区，如苏北、皖北、浙西南等。在文化产业增加值方面，2017年，江苏和浙江分别以3979.2亿元和3202.3亿元，领先于上海和安徽的2081.4亿元和1088.3亿元。但在占GDP比重方面，上海和浙江分别以6.79%和6.19%遥遥领先于江苏和安徽的4.63%和4.03%。人口流入方面，据第六次全国人口普查数据显示，10年间，浙江、上海、江苏三地人口净流入人数分别以997万、873万、432万位居全国各省市净流入人口排名的第二、第三、第五；而安徽10年间净流失人口达962.3万人，居全国之首。在文化产业一体化的前期阶段，江苏、浙江和上海的核心区域功能和龙头带动作用将进一步显现，"虹吸效应"带来区域发展的不平衡不充分将不可避免。

二是区域规模报酬递减。造成规模报酬递减的主要原因有两个，首先是生产要素可得性的限制，其次是由于产业一体化或企业规模扩大而导致的管理效率下降。一方面，随着文化企业生产规模和市场规模逐渐扩大，由于地理位置、原材料供应、劳动力市场等多种因素的限制，可能会使企业在生产中需要的要素投入不能得到满足，制约了产业协同效应的充分发挥，阻碍了区域文化产业整体质量的提升。另一方面，在产业一体化或企业规模扩大初期，可能会因原有管理模式或管理机制不匹配而导致管理效率下降（如内部的监督控制机制、信息传递机制与管理机制不匹配），容易错过有利的决策时机，并造成生产质量和效率下降，甚至出现市场失灵现象。例如，由于文化产业一体化发展，文化产品或服务可能会出现上海融资、苏州研发、杭州营销、芜湖生产的现象，但因统一开放的市场体系尚未建立，全面深化改革还未形成系统集成效应，一旦出现结构性或制度性障碍，风险就会与红利一体联动，从而导致"1+1+1+1<4"的规模报酬递减。

三是文化科技融合不足。长三角经济带作为我国最为典型的工业化与城镇化共同推进、信息化与数字化同步发展的重镇，有着丰富的高水平人才和数字人才。然而，在文化和科技融合方面，相较于国际先发城市或地区，高技术和服务经济发展相对滞后，亟须营造高品质的城市创业宜居和商务商业环境。从国际文化贸易方面来看，尽管我国文化贸易规模不断扩大，结构逐步优化，但正是由于原创性差、科技含量不高、市场适应性弱等原因，核心的文化产品和服务贸易仍然存在对外逆差，对外文化贸易占整体对外贸易总额的比重仍比较低，具有国际竞争力且带有鲜明中国文化特色的品牌尚待开发和完善。

4. 实现文化产业政策体系共生的具体路径

通过对长三角文化产业发展战略意义、整体思路与问题进行研究，不难看出，在长三角区域一体化的大势下，区域文化产业的一体化发展离不开系统化、动态化"协同创新"和高质量发展，其趋势为机遇大于挑战，红利大于风险。同时，仍有许多可拓展的空间。

第一，推动区域错位发展，促进产业优势互补。为贯彻落实《长江三角洲区域一体化发展规划纲要》，以"求同存异、包容多样"为原则，坚持大处着眼与实处着手相结合，系统推进与重点突破相兼顾，短期增加值与长期科学发展相统筹，进一步发挥上海金融业高度发达、江苏产业体系完善、浙江数字经济发达、安徽制造业等优势。对"三省一市"现有文化产业主导业态进行统一规划和空间调整，强化分工合作、错位发展，提升区域发展整体水平和效率。坚持"因城施策"，避免产业发展过程中的同质化竞争和重复建设，提高资源使用和配置效率。对已存在的同质化倾向的产业门类，如动漫游戏、创意设计和休闲娱乐等进行调整，引导和鼓励各地结合自身特色，提高产业分工和专业化水平，增加差异化程度，着力构建资源互通、利益共享、风险共担、协同发展的良好局面和健康生态。

第二，创新合作体制机制，形成发展强大合力。在长三角区域合作办公室的统筹协调下，设立文化产业推进部门，加强中心区域城市文化产业领域的合作联动，建立重点文化事项共商共建机制，制定具体行动计划和专项推进方案，推动"三省一市"文化产业延伸广度、拓展深度、增加温度，协同构建长三角文化发展共同体。坚持"一家人"的共识、"一张图"的绘制、"一起干"的合力，加强长三角中心区域苏北、浙西南等地区深层合作，挖掘优秀传统文化，推动创造性转化、创新性发展，努力把长三角文化产业一体化发展引向深入。尝试设立文化产业一体化示范区，加强跨区域，特别是跨省域的创新合作。以建立文化产业协同治理机制、信息共享机制和应急响应机制等为契机，率先形成一批创新成果和先行先试经验，引领产业协同发展。建立监测评估机制和任务成果共担机制，应对可能出现的规模报酬递减和区域治理失灵等问题，动态掌握年度计划和重点任务落实情况，努力形成"多方参与、共同建设、多元评价、共生互赢"的区域文化产业发展合力。

第三，共建科技创新产业带，推动科技赋能发展。按照长三角一体化和文化科技融合战略的需求，持续有序推进 G60 科创走廊建设，打造文化和科技创新双轮驱动、产业城市融合发展的先行先试走廊。以张江实验室、之江实验室、西湖大学、量子信息科学国家实验室、中国科大先进技术研究院、中国工程科技发展战略江苏研究院等一批长三角经济带创新实体机构和平台的建设和提升为契机，探索建立科技创新产业带或联盟机制，鼓励产业带或联盟企业之间开展合作交流，加大文化领域科技应用力度，拓展拉长文化产业生产链条。加强智能科学和文化创作生产、传播消费等环节的文化共性关键技术研发，促进关键技术在文化生产领域的创新应用。长三角文化企业应充分利用区域数字资源优势，加强在创意设计、技术创新、品牌提升等方面的应用，协同推动文化大数据体系建设、媒体融合纵向发展以及内容生产和传播手段现代化等文化创新，共同打造数字长三角，释放科技对文化建设的赋能作用，加快提升区域文化产业发展方式，为产业一体化和高质量文化供给提供强有力的支撑。

第四，积极借鉴先进经验，逐步拓展全球市场。对接国际高标准文化市场规则体系，以交流互鉴推动文化产业高质量发展。如借鉴美国东北部大西洋沿岸城市群、日本太平洋沿岸城市群、欧洲西北部城市群和英国中南部城市群等产业发达城市群体的经验和做法，着重在由点及面的网络化发展方面寻找差距，推动区域文化产业网络化协同发展。进一步提升长三角国际文博会办展层次，加大投入力度，把展会打造成专业化、国际化、市场化，立足长三角、辐射全中国、面向全世界的文化展会品牌，更好地吸引全国、全球优质文化资源集聚。加大优秀传统文化产品和服务的开发力度，加快地区工艺美术、演艺娱乐、文化旅游等特色传统文化产品和服务"走出去"的步伐。统筹规划长江、淮河、大运河和新安江上下游两岸景观，兼顾跨界丘陵山地管控协调和江南水乡文旅开发，推动跨界生态文化旅游发展，在共同保护中开发，在共同开发中保护。进一步优化文化公共产品的布局，推动区域文化供给协同发展，进而提升长三角城市群的经济创新力、产业竞争力和文化软实力，使长三角区域成为亚太乃至全球有重要影响力的国际文化创意节点性区域。

四、本章小结

本章从一体化进程中文化产业相关政策现状入手，通过文化产业政策实施效果的分析，提出后续推进长三角一体化进程中涉及文化产业政策体系和产业共生机制建立的行动框架，包括战略意义、整体思路、现实挑战及具体路径，为促进长三角文化产业的科学发展提供了政策方向。

第五章 政策协调驱动：文化产业集群竞争力综合评价体系

在我国转变发展和调整产业结构的双重驱动下，文化产业具有的低消耗、高产出、强关联等特性，已逐渐成为地方政府的新宠。集群化是文化产业发展的新方向，是文化产业发展的高级形式，增强文化产业集群的竞争力将有助于提升区域和企业的竞争力。市场需求、文化资源、相关产业、产业规模、政府、研发投入等是影响区域文化产业集群竞争力形成的关键要素。在推动长三角一体化进程中，进一步协调文化产业集群竞争力影响因素，提升文化产业竞争力，形成广泛的社会经济影响力，对本区域文化产业长期发展起到支撑作用。

一、文化产业集群竞争力构建基础

文化产业集群区是政府和市场共同驱动形成的一种有效的产业组织形式。

文化产业集群竞争力是以文化产业集群的各种要素，包括文化企业、文化资源、基础设施、文化市场和技术条件等为基础，利用动态能力所形成的竞争优势。文化产业集群的典型特点首先体现在文化相关产业在地理空间上的集聚，地理位置上的邻近性对文化产业发展初期发挥着重要作用。韦伯认为，基础设施和交通运输条件及交易机会对产业集聚的形成产生影响。但是，随着互联网技术的发展，特别是信息和通信技术的发展，人们可以通过网络随时随地进行沟通交流，地理邻近性的重要性逐渐降低。莫罗奇（Molotch）认为，地方文化特征与地方文化产品形象的象征意义交织在一起更容易形成地方特色的创意产业区。陈建军等则研究了文化创意产业的集聚效应及影响因素，认为环境、人才、文化、制度是影响文化创意产业集聚的重要因素。袁海认为政府的财政支持、文化消费需求、文化企业数量、人力资本水平与城市化、沿海区位与文化资源禀赋对文化产业集聚有促进作用。尤素夫和边岛（Yusuf and Nabeshima）从行业的构成角度研究文化产业集群，通过分析各国的文化产业，如日本的动漫产业、韩国的电影与游戏业、中国中关村的 IT 产业等，研究文化产业内部行业之间的联系程度及网络关系，并得出不同文化产业区域之间能够形成网络组织的结论。戴珏（2013）认为，文化产业集群的形成受到要素禀赋、产业外部性、市场需求、关联政策等因素的影响。通过以上分析，本研究认为产业集群竞争力的构建基础分为宏观的文化资源、政府扶持、相关产业的协同程度等因素以及微观的市场需求、产业规模、技术创新等因素。

二、文化产业集群效应及竞争力评价

党的十九大报告指出，中国特色社会主义进入新时代，我国社会的主要矛盾已经由人民对美好生活的向往和不平衡不充分发展之间的矛盾。不平衡不充分的区域发展是亟待解决的突出问题之一。长三角经济带是我国经济最为发达的地区之一，生物医药、集成电路、高端装备等先进制造业在国内处于领先地位，从全国整体发展来看，长三角经济带有独特的发展优势，是未来打造世界级产业集群的突破口。但是，长三角经济带内部发展不平衡问题依然严重，存在各种体制机制障碍，对于区域内要素的自由流动还存在诸多限制。文化产业凭借文化元素与创意元素的高端聚合，具备独特的产业优化功能以及强大的经济文化功能，高度渗透到其他产业中。文化产业集群并不是一群文化企业简单地在地理位置上聚合在一起，而是文化相关企业围绕某一文化产品设计、生产、销售所形成的上下游联合价值链，链条中的各个环节形成了前后向与上下向的产业关联，从而以市场需求为导向，对集群内的资本、人才以及技术等不断进行重新组合。

1. 长三角经济带文化产业集群竞争力评价指标体系构建

现有学者关于文化产业集群竞争力评价主要借鉴美国哈佛大学教授、著名企业战略专家迈克尔·波特在研究产业集群竞争力问题的时候提出的著名的钻石模型，通过分析、评价产业集群竞争力影响因素及其相互关系来对文化产业集群竞争力进行概括性评价。麻敏（2014）利用问卷调查分析，探讨了文化产业集群内部协调创新机制，并建立了不确定环境下文化产业集群竞争力进行评价模型。余佳（2017）从文化资源、发展环境、区位条件、市场需求等方面构建指标体系并对湖南省 14 个地级市的文化产业集群竞争力进行评价。通过以上分析，我们可以发现，目前关于文化产业集群竞争力的评价尚未形成科学、有代表性的指标体系。此外，多数研究强调资源基础的重要作用，忽略了互联网发展以及市场对于文化产业集群竞争力的提升作用。随着长三角一体化上升为国家战略，推动区域协调发展成为一体化过程中的重要一环，如何更好地识别长三角经济带不同省市文化产业集群竞争力的差距，补齐短板，成为长三角一体化发展过程中的重要一环。因此本书充分考虑文化产业集群竞争力衡量指标客观性，在应用较为广泛的波特钻石模型基础上，借鉴张丽、麻敏、程乾等的研究并结合文化产业发展现状和特点，根据专家咨询及本书需求，整理出长三角经济带文化产业集群竞争力影响因素（见表 5 –1）。

表 5 –1　长三角文化产业竞争力评价指标体系

一级指标（准则层）	二级指标（指标层）	指标编码（代码）
市场需求状况 B1	城镇居民人均可支配收入（万元）	B11
	城镇居民人均教育及服务消费性支出（万元）	B12
	农村居民年人均消费支出数额（万元）	B13
	城镇人口比重（%）	B14
	农村居民家庭人均纯收入（元）	B15
生产要素 B2	广播节目综合人口覆盖率（%）	B21
	有线广播电视用户占总户数的比重（%）	B22
	文化艺术和文物事业机构从业人数（万人）	B23
	每万人拥有公共图书馆建筑面积（平方米）	B24
	人均群众文化机构数（个）	B25
	人均艺术表演团体数（个）	B26
	文化艺术和文物事业机构数（个）	B27

续表

一级指标（准则层）	二级指标（指标层）	指标编码（代码）
相关产业和 支持产业 B3	第三产业生产总值（万元）	B31
	地区财政性教育经费占 GDP 比重（%）	B32
	移动电话普及率（%）	B33
	户均互联网宽带接入（%）	B34
产业规模 B4	文化产业增加值（亿元）	B41
	文化产业增加值占地区 GDP 比重（%）	B42
	文化产业增加值占地区第三产业比重（%）	B43
	人均文化产业增加值	B44
政府行为 B5	群众文化机构财政拨款（万元）	B51
	文化体育和媒体支出占一般公共财政支出比重（%）	B52
创新与可持续发展 B6	国内专利申请受理量（项）	B61
	研究与试验发展经费支出（亿元）	B62

2. 文化产业集群竞争力评价指标权重

由于指标权重直接影响最后的评价结果，为了更加准确地确定每一个指标的得分，本研究采取德尔菲和专家访谈相结合的方式，对于长三角经济带文化产业集群竞争力评价指标的评断矩阵进行评分。访谈对象包括主管文化和旅游部门的政府官员、文化创意产业研究领域的专家学者以及部分企业管理者等，由 5 位博士研究生和 5 位硕士研究生共同收集整理完成。运用层次分析法（Analytic Hierarchy Process，AHP）对长三角经济带文化产业集群竞争力进行分析和计算。

（1）指标权重确定。准则层是由市场需求状况、生产要素、相关产业和支持产业、产业规模、政府行为、创新与可持续发展等二级指标构成，对一级指标长三角经济带文化产业集群竞争力评价进行分解。根据 AHP 分析方法，对同一层次中各因素的相对重要性用矩阵形式给出对比，两两比较后构造判断矩阵。指标 B1 ~ B6 的相对重要程度两两判断比较得到如表 5-2 所示矩阵 A。

表 5-2 判断矩阵 A

A	B1	B2	B3	B4	B5	B6	W
B1	1	5	1	3	1	5	0.2650
B2	1/5	1	1/3	1	1/3	5	0.0953
B3	1	3	1	3	1/3	5	0.2050
B4	1/3	1	1/3	1	1/3	5	0.1013
B5	1	3	3	3	1	5	0.2965
B6	1/5	1/5	1/5	1/5	1/5	1	0.0369

根据判断矩阵 A，可以通过软件计算出 B1 ~ B6 的相对重要性程度为 0.2650、0.0953、0.2050、0.1013、0.2965、0.0369，用权向量 W 表示，从权重大小可以看出，政府行为、市场需求以及相关产业发展对文化产业集群竞争力的影响较大，这与我国文化产业发展现状较为符合。据国家统计局统计数据，2010 ~ 2016 年文化产业财政支出增长 203.28%，地方文化产业财政支出占全国文化产业支出的比例由 90.27% 上升到 92.16%，由此可以看出政府行为在文化产业发展过程中的重要作用。但是随着文化体制改革逐渐深入，特别是党的十八届三中全会通过的《中共中央关于全面深化改革若干重大问题的决定》提出了全面深化改革的战略任务，内在地包括了文化体制改革的内容。市场化是文化体制改革的重要方面，贺达（2019）指出，地方文化产业市场化水平越高，对文化产业高质量发展促进作用就越大。此外，随着"互联网＋"文化的逐步推进，韩东林（2020）指出，依托数字技术进行创作、生产、传播和服务的数字文化产业已然成为文化产业发展的重点领域和

数字经济的重要组成部分。

因层次分析法中的判断矩阵是根据人的思维分析得出，可能出现混乱的矛盾现象。为了保证应用 AHP 得到的结论合情合理，还需要检验判断矩阵的一致性。根据矩阵理论，人的思维完全一致性条件下构造的判断矩阵有唯一非零的，也是最大的特征根 $\lambda_{max} = n$，可以根据特征根的大小对矩阵进行一致性判断。一般将一致性指标定义为：

$$CI = \frac{\lambda_{max} - n}{n - 1} \qquad\qquad (5-1)$$

其中，n 是判断矩阵 A 中的因素个数，λ_{max} 是根据 $Aw = \lambda w$ 计算出来的特征根，CI 值越大，说明判断矩阵完全一致程度越高，人们的思维差距就小，反之亦然。为了衡量 CI 的大小，引入随机一致性指标 RI，Saaty 计算出的 RI 的取值如表 5-3 所示。当 CR = CI/RI < 0.1 时，可以判断矩阵的一致性程度较佳，否则需要重新调整矩阵。

表 5-3 RI 取值

n	1	2	3	4	5	6	7	8	9
RI	0	0	0.58	0.9	1.12	1.24	1.32	1.41	1.45

经过计算，矩阵 A 的一致性结果如下：$\lambda_{max} = 5.9751$，CI = -0.00498，CR = -0.00356 < 0.1，通过检验。

对于所有的准则层权重，表 5-4 列出了最后的计算结果。结果显示，对 B1~B6 的二级指标而言，下属各三级指标的相对重要程度及权重，所有结果都通过了一致性检验。

表5-4 所有三级指标个别权重计算结果

判断矩阵	指标1	指标2	指标3	指标4	指标5	指标6	指标7
B1	0.2233	0.3644	0.1079	0.2033	0.1010	—	—
B2	0.0904	0.0687	0.2132	0.1196	0.1539	0.1175	0.2370
B3	0.2943	0.1912	0.2619	0.2526	—	—	—
B4	0.1378	0.2529	0.2640	0.3452	—	—	—
B5	0.48	0.52	—	—	—	—	—
B6	0.5	0.5	—	—	—	—	—

从表5-4中计算各三级指标权重，我们可以看出，在市场需求二级指标下，城镇居民人均文化娱乐消费和人均可支配收入所占的权重较高，城镇人口比重所占权重次之，农村居民年人均消费支出和农村居民人均纯收入占比较少，表明文化产业是人民在满足温饱之后的精神追求，有能力又愿意消费的地区文化产业竞争力明显高于其他地区，而且随着我们城镇化水平的逐步提高，未来文化市场需求将更加旺盛；在生产要素二级指标下，文化艺术和文物事业机构数、文化艺术和文物事业机构从业人数、群众文化机构数等三级指标所占权重较大，所有能够满足文化消费需求的地区，文化竞争力相对更强；在相关产业情况二级指标下，第三产业总值、移动电话普及率、联网宽带接入用户等三级指标所占权重较大。近年来，随着"互联网+"文化产业迅速发展，通过文化数字技术，将传统的创意生产与消费活动转移到线上，"云观展""云旅游""云观影""云演唱会"等新模式，数字景区、线上阅读、智慧旅游、数字文化馆、数字美术馆、数字博物馆等"线上文体游娱"等新业态不断涌现，极大地推动了文化产业的转型发展。而地区财政性教育经费占GDP比重三级指标所占权重较小，主要是由于各个地区每年地区财政性教育经费占GDP的比重变化较小；在产业战略二级指标下，人均文化产业增加值、文化产业增加值占地区GDP比重、文化产业增加值占地区第三产业

比重等指标的权重较大，可以看出，提高文化产业增加值的绝对值不是最终的目的，关键还是要提高人均文化产业产值，让文化产业真正成为人民就业和增收的重要途径。在政府行为二级指标下，文化产业财政支出占一般财政支出的比重较群众文化机构财政拨款所占权重较大，主要体现在文化产业财政支出占财政支出比重的扩大，代表地方政府对于发展文化产业的重视程度。在创新和可持续发展二级指标下，申请专利受理量和研发与实验发展（R&D）经费支出所占权重一致，这两个指标代表了一个国家或地区的技术创新状况和实力以及科技投入强度和科技发展水平指标，对于地区文化产业的创新和可持续发展也必将发挥重要推动作用。

（2）指标相对权重确定。利用同一层次中所有层次单排序的结果，可以计算针对上一层而言本层次所有因素相对重要性的权重。这种层次总排序需要从上到下逐层进行（见表5-5），层次总排序也通过了一致性检验。

表5-5　所有三级指标在二级目标权重计算结果

判断矩阵	指标1	指标2	指标3	指标4	指标5	指标6	指标7
B1	0.0592	0.0966	0.0286	0.0539	0.0268	—	—
B2	0.0086	0.0065	0.0203	0.0114	0.0147	0.0112	0.0226
B3	0.0603	0.0392	0.0537	0.0518	—	—	—
B4	0.0140	0.0256	0.0267	0.0350	—	—	—
B5	0.1423	0.1542	—	—	—	—	—
B6	0.0185	0.0185	—	—	—	—	—

通过以上三级指标在二级指标权重下的计算结果总体来看，影响文化产业集群竞争力的二级指标主要有：群众文化机构财政拨款、文化体育和媒体支出占一般公共财政支出的比重、城镇居民人均教育及服务消费性支出、第三产业生产总值、城镇居民人均可支配收入、城镇人口比重、移动电话普及

率、互联网宽带接入用户数、地区财政性教育经费占 GDP 比重、人均文化产业增加值、农村居民家庭纯收入、文化产业增加值占地区第三产业比重、文化产业增加值占地区 GDP 比重、文化艺术和文物事业机构数、文化艺术和文物事业机构从业人数等三级指标。通过以上分析，我们可以得出，目前长三角经济带文化产业发展的主要动力来源于政府政策扶持和市场驱动，文化产业集聚生产要素在长三角经济带文化产业发展过程中的重要作用不太显著。随着文化产业改革的逐渐深入，城镇居民人均教育及服务性消费支出、城镇居民人均可支配收入、城镇人口比重等市场需求要素成为长三角经济带文化产业集群竞争力提升的重要动力来源。第三产业生产总值、移动电话普及率、互联网宽带接入用户等文化相关产业的发展成为长三角经济带文化产业快速发展的重要推动力。特别是 5G、人工智能、虚拟现实、区块链、大数据等技术的发展，"互联网＋"文化产业发展的新业态、新模式等不断涌现，极大地推动了长三角经济带文化产业发展。国内专利申请受理量和研究与实验发展经费支出等指标所占权重较小，主要是由于研发投入的高风险和不确定性，以及专利申请到授权所需要的时间较长，特别是发明专利所需的时间更加漫长，而且授权以后还要经历市场的检验。就目前来看，对文化产业集群竞争力的推动作用较小。但是，随着我们市场化进程的逐步推进，地区文化企业要想在激烈的市场竞争中立于不败之地，必须重视研发投入和专利申请。

3. 长三角经济带文化产业集群竞争力评价

为了更加准确地评价长三角经济带"三省一市"文化产业集群竞争力，本书选取江苏省、浙江省、上海市、安徽省 2018 年文化产业集群竞争力评价 24 个指标的客观数据，对长三角经济带文化产业集群竞争力进行评价排序。之所以选择 2018 年，主要是由于 2018 年长三角一体化正式上升为国家战略，对长三角经济带文化产业集群竞争力进行评价具有重要现实意义。所有数据均来自2018年《中国统计年鉴》《中国文化文物统计年鉴》以及《中国文化和旅游统计年鉴》，部分数据通过中国经济网、文化和旅游厅等相关网站收集，并手工输入。

（1）数据的标准化处理。由于在长三角经济带文化产业集群竞争力指标体系中，各个指标原始数据的量纲不同，数据级差别较大，因此需要对各指标的原始数据值进行标准化处理，即无量纲处理，本研究借助式（5-2）将指标原始数据转化为统一标准的评价分值。

$$P_i = 10\frac{B_i}{\sum\limits_{i=1}^{n} B_i} \qquad (5-2)$$

式中，P_i 为长三角经济带文化产业集群竞争力评价指标 i 标准化转化后的无量纲值，B_i 为该地区标准化转化前指标 i 的原始数值，$\sum\limits_{i=1}^{n} B_i$ 为评价指标 i 标准化转化前在所有评分区域的综合。长三角经济带"三省一市"的文化产业集群竞争力评价指标的标准化数据见表5-6。

表5-6　长三角经济带"三省一市"的文化产业集群竞争力评价指标的标准化数据

代码	江苏	浙江	上海	安徽
B11	2.3002	2.7083	3.3155	1.6761
B12	2.4437	2.4389	2.7521	2.3654
B13	2.4015	2.8566	2.8940	1.8479
B14	2.4742	2.4493	3.1319	1.9445
B15	2.2531	2.9510	3.2831	1.5128
B21	2.5031	2.4956	2.5031	2.4981
B22	2.3893	3.0874	3.1882	1.3350

续表

代码	江苏	浙江	上海	安徽
B23	2.2744	2.6732	2.9164	2.1361
B24	2.6208	3.2768	2.8358	1.2665
B25	2.2144	3.3237	1.2747	3.1871
B26	0.9003	3.0021	1.1474	4.9502
B27	3.3146	2.5476	1.4898	2.6480
B31	3.8958	2.5497	2.1204	1.4341
B32	1.7755	2.2450	2.7439	3.2355
B33	2.3966	2.8533	3.0255	1.7246
B34	3.1331	2.9403	1.9040	2.0026
B41	3.4908	3.4531	1.7967	1.2594
B42	2.0365	3.2371	2.7129	2.0135
B43	2.2537	3.4063	2.1312	2.2088
B44	2.0367	2.6019	3.9687	1.3927
B51	2.7304	3.5784	2.6662	1.0251
B52	2.3622	2.8248	3.1183	1.6947
B61	4.2468	3.2230	1.0628	1.4674
B62	4.2033	2.4264	2.2812	1.0892

（2）评价结果和分析。结合长三角经济带文化集群竞争力评价指标权重，通过式 $E = \sum_{i}^{n} W_i P_i$ 计算长三角经济带"三省一市"的文化产业集群竞争力评价值，其中，P_i 由标准化公式计算而来，W_i 为长三角经济带文化产业集群竞争力评价指标体系中的第 i 个评价指标的权重，n 为评价指标的总数，计算结果 E 为该区域文化产业集群竞争力综合评价值。由此，可以计算出江苏、浙江、上海和安徽"三省一市"文化产业集群竞争力评价值，得出相应的排名，如表 5 - 7 所示。

表5-7　江苏、浙江、上海和安徽"三省一市"文化产业集群竞争力评价

代码	江苏	浙江	上海	安徽
B11	0.1361	0.1602	0.1962	0.0992
B12	0.2359	0.2355	0.2657	0.2284
B13	0.0687	0.0817	0.0827	0.0528
B14	0.1333	0.1319	0.1687	0.1047
B15	0.0603	0.0790	0.0879	0.0405
得分	0.6343	0.6883	0.8012	0.5256
排名	3	2	1	4
B21	0.0216	0.0215	0.0216	0.0215
B22	0.0156	0.0202	0.0209	0.0087
B23	0.0462	0.0543	0.0593	0.0434
B24	0.0299	0.0374	0.0323	0.0144
B25	0.0325	0.0488	0.0187	0.0468
B26	0.0101	0.0336	0.0129	0.0554
B27	0.0749	0.0576	0.0337	0.0598
得分	0.2308	0.2733	0.1992	0.2501
排名	3	1	4	2
B31	0.2350	0.1538	0.1279	0.0865
B32	0.0696	0.0880	0.1075	0.1268
B33	0.1287	0.1532	0.1624	0.0926
B34	0.1622	0.1522	0.0986	0.1037
得分	0.5955	0.5472	0.4965	0.4096
排名	1	2	3	4
B41	0.0487	0.0482	0.0251	0.0176
B42	0.0522	0.0829	0.0695	0.0516
B43	0.0603	0.0911	0.0570	0.0591
B44	0.0712	0.0910	0.1387	0.0487
得分	3	1	2	4
排名	0.2323	0.3131	0.2903	0.1769
B51	0.3886	0.5093	0.3795	0.1459
B52	0.3642	0.4356	0.4808	0.2613

代码	江苏	浙江	上海	安徽
得分	0.7529	0.9449	0.8603	0.4072
排名	3	1	2	4
B61	0.0784	0.0595	0.0196	0.0271
B62	0.0776	0.0448	0.0421	0.0201
得分	0.1561	0.1043	0.0618	0.0472
排名	1	2	3	4
综合得分	2.6018	2.8712	2.7092	1.8167
总排名	3	1	2	4

1）市场需求竞争力评价中，上海市名列第一，浙江第二，江苏第三，安徽第四。从市场需求各三级指标来看，安徽城镇人均消费支出、城镇居民人均可支配收入、城镇化比例等指标均低于长三角经济带其他省市，文化产业发展动力不足，严重制约了安徽省文化产业集群竞争力的形成。江苏、浙江的城镇人均可支配收入、城镇居民人均教育及服务消费性支出、城镇人口比重等指标与上海相差较大，江苏农村居民家庭人均纯收入、农村居民家庭人均消费支出数额相对于浙江和上海有一定差距。

2）生产要素竞争力评价中，浙江省名列第一，安徽、江苏生产要素竞争力相差不大，上海市排名相对落后。从生产要素各指标看，上海文化艺术和文物事业机构数、人均群众文化机构数等指标均落后于其他省份，安徽有线广播电视用户占总户数比重、文化艺术和文物事业机构从业人数落后于其他省市，江苏人均艺术表演团体数落后于其他省市，其他生产要素指标居于中等位置。

3）相关产业和支持产业竞争力评价中，江苏省名列第一，但安徽相对落后。安徽的人均移动电话普及率、第三产业生产总值等指标都落后于江苏、浙江、上海等省市，户均互联网接入数较低，科技与文化产业融合发展的产业基础较差，制约了文化产业可持续发展。江苏、浙江、上海等地区财政教育经费占地区 GDP 的比重相较于安徽较低。江苏的移动电话普及率相较于浙江和上海较低。而上海、浙江的第三产业增加值、户均互联网接入数相较于江苏较低。随着信息技术的发展，文化产业与科技的融合不断加快，必须高度重视文化产业相关产业和支持产业的发展。

4）从地区文化产业发展竞争力评价来看，浙江名列第一，上海名列第二，二者的差距较小。安徽文化产业发展竞争力较为落后。浙江历来高度重视文化产业发展，将其纳入"八八战略""两富两美"浙江建设的重要内容和全省八大万亿产业来抓。浙江文化产业蓬勃发展，活力迸发，文化产业总体排名第一。江苏文化产业增加值相较于长三角经济带其他省市较高，但是人均文化产业增加值、文化产业增加值占 GDP 比重、文化产业增加值占第三产业比重均落后于上海和浙江。上海作为我国近现代工业和金融服务业的摇篮，具有丰厚的历史传统和文化积淀。近 30 年来，构建了许多新的地标性文化公共空间，为文化活动提供了较好的硬件设施，文化产业发展较快，尽管文化产业增加值绝对数小于江苏和浙江，但是人均文化产业增加值高于长三角经济带其他省份。安徽虽然文化资源较为丰富，但由于长期以来产业认识上的偏差、现实条件的限制，文化产业的发展还存在诸多掣肘之处，实际成效还不明显，文化产业相关指标明显落后于浙江、上海、江苏等文化产业发达省市。

5）从政府行为产业竞争力指标来看，浙江名列第一，上海紧随其后，二者相差无几。江苏名列第三，安徽文化产业政府扶持力度较小。浙江省一直以来高度重视文化产业发展，把文化产业作为推动经济结构战略性调整、转变经济发展方式的重要着力点。群众文化机构财政拨款、文化体育和媒体支出占一般公共财政支出比重较高。上海作为国际大都市，一直是国家文化产业发展的重镇，文化体育和媒体支出占一般公共财政支出比重在长三角经济带名列前茅。而安徽对于文化产业发展的政策支持力度明显不足，群众文化机构财政拨款、文化体育和媒体支出占一般公共财政比重在长三角经济带排名最低。此外，安徽 2018 年人均文化事业费 31.4 元，位列全国第 30，远远落后于上海的 197.47 元、浙江的 116.57 元以及江苏的 77.06 元。江苏群众文化机构财政拨款、文化体育和媒体支出占一般公共财政支出比重相对于浙江和上海还有一定差距。

6）从创新和可持续竞争力指标上看，江苏名列第一，安徽、上海得分较低。由于创新和可持续竞争力需要较长的观察期，因此，其得分在综合得分中所占的比例较小，但是不能忽视其对于文化产业长期竞争力形成的重要作用。

综合而言，浙江文化产业集群竞争力评价综合得分在长三角经济带三省一市中名列第一，上海第二，江苏第三，安徽第四。尽管各省市在文化产业集群竞争力各三级指标优劣势不一，但是在文化产业发展过程中仍存在一些共性问题，如由于各地经济状况的不均衡发展，导致长三角经济带包括文化产业在内的诸多方面出现了非协同发展状况，将在很大程度上制约长三角文化产业集群竞争力的提升。

三、政策叠加耦合：文化产业集群
竞争力实现融合性分析

长三角一体化进程中，文化产业作为促进我国经济发展及发展方式转变的重要力量，对于长三角经济带经济增长具有较强的外溢、辐射和带动作用。因此，要以文化产业集群竞争力提升为抓手，不断优化影响文化产业集群竞争力的内外部环境，提升长三角经济带文化产业整体竞争力。

1. 提升文化产业需求能力

通过以上分析，我们可知市场需求对于文化产业集群竞争力具有重要影响。但是城镇居民人均可支配收入、城镇居民人均教育及服务性支出、城镇化人口比重等指标都需要长期积累，难以在短时间内实现实质改变。除了加快经济发展之外，还需保持经济发展的稳定环境，增加消费者对未来收入预期，增强消费的主动性。同时，不断完善教育、卫生、医疗保健等社会保障体系，解决居民的后顾之忧，增加消费。通过加快城镇化，统筹城乡经济发展，关注农村地区文化产业需求，结合农村居民的生产生活习惯和经济社会环境，开发适合农村居民的文化产品，扩大农村地区文化产业规模。此外，要加快文化产业市场化改革步伐，合理界定文化公益事业和文化产业，坚持分类指导，发挥市场在文化产业发展过程中的主导作用。开发适应文化需求的不同层次文化产品，最大限度满足市场需求。

2. 加强区域文化资源建设

树立"大文化"产业观念，对地区文化资源进行全面调查和评估，找准具有本地特色的文化特性，盘活存量资源，进一步满足人们感受文化、理解文化的精神追求。加强文化产业基础设施建设，丰富文化产品，增强文化资源服务能力和服务质量。深入挖掘地方特色文化资源，不断创新，同时引进国外先进的成果、管理经验和科学技术，提高科技在文化资源中的利用率，加快推进本土文化产品生产的精品化、品牌化，打造具有本地文化特性的文化产品知名品牌。加大文化资源开发招商引资力度，积极引导社会资本参与文化资源开发。创造条件积极申报各类国家级和省级文化示范区，协助本地文化企业申报各类文化产业发展专项补助。

3. 优化产业结构，发展区域产业集群

文化产业与相关产业和支持产业的发展密不可分。目前，长三角经济带文化产业发展不平衡问题突出，文化产业结构亟待升级。近年来，科技促进文化生产方式发生了深刻变化。因此，要加强大数据、云计算、人工智能、虚拟现实等高新技术在文化产业领域的广泛应用，通过资源整合、产品整合等方式打造文化产业集群，提高长三角经济带文化产业集群竞争力。此外，要增加文化产业与旅游、创意、教育等第三产业发展协调度，促进各产业协同发展。

4. 深化文化体制改革

制度性障碍是加快文化产业发展的主要障碍，要继续深化中国特色社会主义文化产业改革。首先，要理顺文化产业管理体制，合理界定文化公益事业与文化产业，坚持分类指导。对于非排他性、非竞争性的公共文化产品坚持政府主导，对于经营性文化产业要引入市场竞争机制，提高文化产业的产出效率和水平。要加快政府职能转变，充分发挥政府文化主管部门的政策调节、市场监管等宏观管理职能。完善文化产业法律法规和政策支持体系，加大对非公有制文化企业的支持力度，不断改善投资环境。完善文化市场体系和公平竞争机制，鼓励本地文化企业通过战略并购、重组等方式做大做强，促进文化资本和资源的合理流动。

5. 提升政府领导

政府应因地制宜制定文化产业发展政策，加强对文化产业及其相关产业的投入力度，深入推进文化与科技的融合发展，充分发挥政府财政补贴的引导功能，鼓励更多的非文化企业及民间资本流入文化产业。此外，政府应制定文化产业发展税收优惠等政策，积极引进国内外知名文化企业进驻，鼓励本地企业积极参与国内外文化市场竞争，提升文化产业集群整体竞争力。

6. 推动文化产业可持续发展

根据文化产业发展的实际需求，进行相关技术研发，为文化产业持续发展提供支撑和保障，尤其是注重文化和科技的融合发展。要加强对文化科技领域的研发投入和人才培养，对于制约长三角经济带文化产业集群竞争力的关键技术进行集中攻关和重点突破，通过科技手段进一步挖掘和释放文化产业增长潜力。

四、本章小结

通过以上分析可知，浙江省的文化产业集群竞争力在长三角经济带"三省一市"总排名第一，上海紧随其后，江苏排名第三，安徽文化产业集群竞争力最弱。市场需求、政府行为、相关产业和支持产业是文化产业集群竞争力形成的关键要素，要素资源和文化产业规模对文化产业集群竞争力形成的作用次之，创新和可持续发展由于投入额大、风险较高，具有一定的不确定性，对文化产业集群竞争力的形成短期内难以显现，但是对于推动文化产业的长期竞争力形成具有重要作用。为提升长三角经济带文化产业集群竞争力，各地区应针对其制约因素从体制、科研、投入、人才、消费等多方面努力，为长三角一体化文化产业集群发展提供支撑。

第六章 空间系统优化：长三角一体化文化创意产业空间分布绩效分析

一、长三角文化创意产业空间分布与演化

在长三角区域文化创意产业领域内，众多独立而又相互关联（战略联盟）的文化创意企业及相关的政府、高校、科研机构等，是基于产业之间的关联和相同产业内产业链的整合，以及产业内部联系和地域及经济社会环境相互作用而形成的，具有相对稳定结构和一定空间分布特征的文化创意产业集群。

从理论上说，文化创意产业示范基地和文化创意产业园区并不等于文化创意产业集群，但通过对文化创意产业园区的科学规划、政策引导以及合理规划，可以使其成为文化创意企业的孵化器、文化创意企业快速成长的助推器、文化创意产业集群发展的基础平台。同时，在文化创意产业的某一具体

产业中，也存在着广义的文化创意产业集群的组织形式。为此，本书呈现一些国家级文化创意产业示范基地和省级文化创意产业园区的空间布局。

1. 国际级文化创意产业示范基地

为不断提高文化创意产业的发展，提升我国文化创意产业的总体实力和竞争力，国家文化和旅游部从 2004 年起，开始评选国家文化产业示范基地。每两年评选一次，现已公布了六批国家文化产业示范基地，但由于退出机制的引入，已于 2016 年暂停。在 2006 年 2 月 13 日，我国文化和旅游部印发了《国家文化产业示范基地评选命名管理办法》，以此规范对国家文化产业示范基地进行评选。国家文化产业示范基地的入选单位均来自文化行政部门管理的演出业、影视业、音像业、文化娱乐业、文化旅游业、网络文化业、图书报刊业、文物和艺术品业等领域的各类文化企业。十几年来，在文化创意产业相关政策的积极引导和文化体制改革的有力推动下，我国文化产业由探索、起步、培育的初级阶段，开始进入加速发展的新时期，涌现出一大批有自主创新能力、有知名品牌、有自主知识产权的文化创意企业以及具有区域性特色的文化创意产业群。经过六批国家文化产业示范基地的命名，文化创意产业示范基地已遍布我国各省市，其中长三角入选的企业和单位已由最初的 9家增加到 54 家，但长三角地区入选国家文化产业示范基地的企业和单位占全国的比重却从 2004 年的占比 21.43% 降至 16.12%（见表 6-1）。

表 6-1　2004～2010 年长三角地区入选国家文化产业示范基地数量

批次	全国	长三角	上海市	江苏省	浙江省	安徽省
第一批（2004 年）	42	9	4	2	3	1（后撤销）
第二批（2006 年）	33	7	3	2	1	1
第三批（2008 年）	59	8	2	3	3	1（黄山市 1）

续表

批次	全国	长三角	上海市	江苏省	浙江省	安徽省
第四批（2010 年）	70	8	2	4	2（衢州 1）	3（蚌埠 1）
第五批（2012 年）	69	11	3	3	4（丽水 1）	2
第六批（2014 年）	71	10	3	3（徐州 1）	3	2
截至目前（2020 年 8 月）	335	54	17	16	14	7

在长三角区域内，尽管具有国家文化产业示范基地的地区分布广泛，但主要仍以上海（17 家）、杭州（8 家）和南京（4 家）为中心。从表中不难看出，上海一直是拥有国家文化产业示范基地最多的城市，由第一批的4 家增加到目前的 17 家，但是入选示范基地数目却始终无明显增长，甚至略有下降，说明上海有待于继续培养重点企业，需抓住当前的政策利好的机会，大力培养重点企业。浙江入选企业从空间上始终集中在杭州（8 家）和宁波（4 家）两市，空间分布模式呈现集聚状态。江苏入选企业在空间上则体现出相对较为均衡的态势，由最初的南京和常州两地，扩展到苏州、扬州、无锡、南通和泰州五地。同时，南京也由最初的 1 家增加到 4 家，成为江苏文化产业企业的重点培养基地。至于安徽，入选企业从空间上主要集中于合肥（2 家，原 3 家后撤销 1 家）、安庆（3 家）和宣城（2 家）三地，入选基地数量也始终没有明显的增加，说明安徽 8 市目前还有待于挖掘本省重点企业，发挥出本省的文化特色，以起到合肥都市圈的带头作用。此外，从空间布局的地理环境来看，这些拥有国家文化产业示范基地的城市大都地处沿海沿江地带，江苏的南京、苏州、扬州、常州和泰州均在沿江地带，浙江的杭州和宁波均在杭州湾，上海则是沿江、沿湾和临海的中心枢纽。

从 54 家国家文化产业示范基地的地理位置来看，大都分布于市郊地段。数字内容和动漫产业基本在软件园区和创意园区内，演艺业和娱乐业的企业则处在交通便利、经济繁荣的商圈。

2. 文化创意产业园区

文化创意产业园区虽然不同于文化创意产业集群，但却是文化创意产业集群承载的主要形式。长三角文化创意产业区主要以上海为核心，加以辐射苏州、南京、杭州等城市，各地区彼此关联，协作与竞争并举。上海文化创意产业园区重点是旧厂房改造，大量旧厂房结合其区域特点进行重新规划与改造升级，形成具有特色的文化创意产业聚集区。

根据《长三角文化产业蓝皮书》的数据统计，2018 年长三角规模以上文化制造业企业中开展研究与试验发展活动的企业达 2100 家，占规模以上文化制造业企业的 35.3%，全国占比近 40%，新产品开发项目数 9248 个，全国占比约 36.7%。研究与试验发展经费内部支出、新产品开发经费支出、新产品销售收入和专利申请件数、有效发明专利数均占到全国 1/3 以上。在良好的协同创新环境下，长三角地区文化制造企业的科技创新水平得到迅速提升，长三角文化创新潜力无限。

2017 年是文化创意产业发展的政策利好之年，文化部出台一系列的政策来促进文化创意产业的发展，2017 年 12 月 14 日，上海出台了《关于加快本市文化创意产业创新发展的若干意见》（又称上海文创 50 条），更促进了上海文化创意产业园区的飞跃式发展。根据上海文创办统计，2018 年，上海文化创意产业实现增加值 4227.7 亿元，占全市生产总值的比重为 12.9%；符合市级标准的园区数量已达 137 家，分布在 15 个区，总面积近 700 万平方米；入驻企业两万多家，包括影视、出版等传统领域企业及时尚、设计等新兴领域企业，数量和发展速度居全国城市之首。随着长三角文化创意产业集群的发展，上海周边经济较为发达的城市包括苏州、南京、杭州等地的文化创意产业也纷纷发展起来。苏州已成为长三角地区的创意产业生产基地，是上海创意产业链的延伸；南京和杭州则聚集了一批以艺术设计、室内装饰设计、广告策划、动漫为主的文化创意产业园区。目前，江苏有 60 多家文化创意产业园区建成或在建。浙江在《浙江省文化创意产业发展规划》中已经提出构筑"创意城市、文化创意产业集聚区、文化创意产业园"三级布局框架。其中，杭州拥有超全省 1/3 文化产业园区，在浙江居于绝对中心的地位。

二、文化产业空间分布优化绩效实证检验

根据长三角文化创意产业空间集聚系统复杂性高度匹配度，将具有正反馈效应的核心模块与要素资源进行重构，运用探索性空间数据分析（ESDA）技术对长三角文化创意产业空间自相关性进行测度，并利用 ArcGIS 和 GeoDA 空间分析软件，建立空间面板计量模型，来考察相关影响因素的作用。在长三角一体化区域发展背景下，文化创意产业发展水平在相邻区域间存在相似性，为进一步探究其关联程度和绩效水平，本节探究了长三角"三省一市"文化产业发展的空间差异性、空间关联性以及主导因素，进而分析长三角文化产业空间布局、挖掘区域文化产业发展协同优势、加强区域间产业互动问题，对长三角文化产业空间优化问题起到了理论指导和现实意义。

1. 全局空间自相关性分析

通过以上分析可见，长三角文化产业发展水平在相邻区域间存在相似

性，为进一步探究其关联程度，下面对各区域空间自相关性进行测度。空间自相关性，又称为空间依赖，指的是经济变量在空间结构上的关联性，即相邻地区的属性值在空间上相互影响，表现为相互促进或相互制约。本书采用 Morans' I 指数来测度空间自相关程度。计算公式如式（6 – 1）、式（6 – 2）所示。

$$I = \frac{n \sum\limits_{i=1}^{n} \sum\limits_{j=1}^{n} w_{ij}(x_i - \overline{x})(x_j - \overline{x})}{\left(\sum\limits_{i=1}^{n} \sum\limits_{j=1}^{n} w_{ij} \right) \sum\limits_{i=1}^{n} (x_i - \overline{x})^2} \qquad (6-1)$$

$$\overline{x} = \frac{1}{n} \sum\limits_{i=1}^{n} x_i \qquad (6-2)$$

其中，x_i 表示区域 i 的属性值，n 表示区域总个数，w_{ij} 表示空间权重矩阵系数。标准化的 Morans' I 计算公式如式（6 – 3） ~式（6 – 8）所示。

$$Z = \frac{I - E(I)}{\sqrt{VAR(I)}} \qquad (6-3)$$

$$E(I) = \frac{1}{n - 1} \qquad (6-4)$$

$$VAR(I) = \frac{n^2 w_1 + n w_2 + 3 w_0^2}{w_0^2 (n^2 - 1)} - E^2(I) \qquad (6-5)$$

$$w_0 = \sum\limits_{i=1}^{n} \sum\limits_{j=1}^{n} w_{ij} \qquad (6-6)$$

$$w_1 = \frac{1}{2} \sum\limits_{i=1}^{n} \sum\limits_{j=1}^{n} (w_{ij} + w_{ji})^2 \qquad (6-7)$$

$$w_2 = \sum\limits_{i=1}^{n} \sum\limits_{j=1}^{n} (w_{i.} + w_{.j})^2 \qquad (6-8)$$

其中，$w_{i.}$ 和 $w_{.j}$ 分别表示空间权重矩阵中 i 行和 j 列之和。

Morans' I 取值范围在 [– 1，1] 之间，大于 0 表示正相关，越接近于 1，表示相关性越大（表现为高高集聚或低低集聚）；小于 0 表示负相关，越接

近 -1，表示集聚性越低，差异越大，具有相异特征的属性容易聚集（表现为高低集聚或低高集聚）；接近于 0，表示不相关，各属性随机分布。2009 ~ 2018 年上海、浙江、江苏、安徽文化产业 Morans'I 值变化如图 6 - 1 ~ 图 6 - 4 所示。

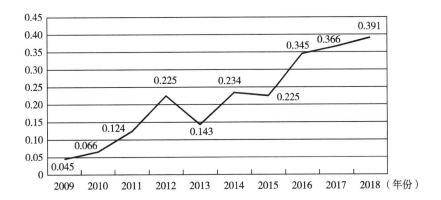

图 6 - 1　2009 ~ 2018 年上海文化产业 Morans'I 值变化

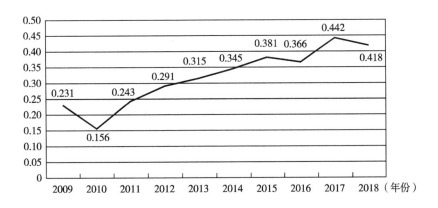

图 6 - 2　2009 ~ 2018 年浙江文化产业 Morans'I 值变化

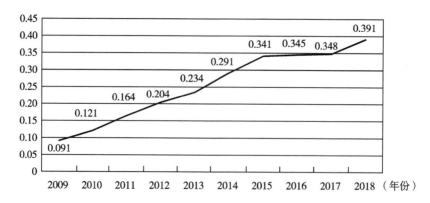

图 6 - 3　2009 ~ 2018 年江苏文化产业 Morans' I 值变化

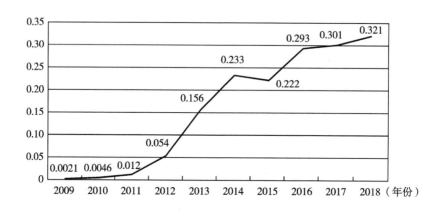

图 6 - 4　2009 ~ 2018 年安徽文化产业 Morans' I 值变化

基于逆距离地理权重矩阵计算可知，上海在 2009 ~ 2010 年的 Morans' I 指数低于 0.1 表现出了弱正向空间自相关特性，2011 ~ 2015 年的指数有所波动，随之在 2016 ~ 2018 年保持平缓上升，说明上海文化产业整体上有所集聚，空间依赖性较强，形成了一定的扩散效应和溢出效应（见图 6 - 1）。浙江在 2010 年和 2016 年的 Morans' I 值稍有下降，作为《浙江省文化产业发展规划（2010 ~ 2015)》的政策元年，重启金融危机后文化产业复苏，浙江具有丰富的专业人才、深厚的历史文化底蕴和数量众多的文化创意产业园区，整体上支撑条件较完善（见图6-2）。江苏空间相关性不明显，主要由于空间差异中的地域经济发展水平不同和产业结构不同导致（见图6-3）。安徽文化产业Morans'I值在2009~2012年表现出较弱的正相关，随后在2013~2018年持平缓上升的水平，说明安徽文化产业正从整体集聚低水平向中集聚水平逐渐靠拢，区域文化产业政策融合性正在逐渐凸显效果（见图6-4）。

2. 模型构建与实证分析

（1）构建方程。由于空间自相关性的影响，容易导致传统的经济计量分析出现偏误，因此本研究将构建空间计量模型进行分析。两种常用的空间计量模型包含了内生交互效应的空间滞后模型和误差项之间交互效应的空间误差模型。两类模型表示如式（6-9）和式（6-10）所示。

空间滞后模型（SLPDM）：

$$Y = \rho WY + \beta X + \mu + \delta + \varepsilon \qquad (6-9)$$

其中，Y表示由y_{it}（区域i在时间t的因变量）构成的矩阵，ρ表示空间回归系数，W表示空间权重矩阵，β表示自变量回归系数向量，X表示由x_{ij}（区域i在时间t的自变量）构成的矩阵，μ表示空间效应，δ表示时间效应，ε表示误差项。

空间误差模型（SEPDM）：

$$Y = \beta X + \mu + \delta + u, \quad u = \lambda Wu + \varepsilon \qquad (6-10)$$

其中，u表示包含空间自相关的误差项，λ表示空间自相关系数，其他参数与SLPDM含义相同。

（2）数据来源与变量选取。本研究数据均来源于《上海统计年鉴》《安徽统计年鉴》《浙江统计年鉴》和《江苏统计年鉴》，被解释变量为规模以上文化产业年收入，解释变量为以下 8 种因素的对应指标，如表 6 - 2 所示。选取了 2009 ~ 2018 年的面板数据进行回归分析，并且将自变量与因变量均进行取对处理。

表 6 - 2　长三角文化产业影响因素

影响因素	变量符号	统计指标	单位
经济水平	X_1	人均生产总值	美元
旅游水平	X_2	人均旅游消费支出	元/人
专利水平	X_3	专利授权量	件
文化设施水平	X_4	图书馆、群众文化活动机构、艺术表演团体、博物馆	个
借贷水平	X_5	中外资金金融机构存款年末余额	亿元
人力资本	X_6	文化产业从业人员	人
对外开放程度	X_7	外商直接投资合同金额	亿美元
消费水平	X_8	可支配收入	元/人

（3）人力资本空间权重矩阵计算。由于区域间往往受到社会经济活动的影响，因此仅仅考虑地理距离因素的空间权重矩阵仍然存在局限性。社会经济因素一般包括经济水平和人力资本两种，由于人力资本对于区域间知识溢出效应具有重大影响，有利于知识、技术和文化的传播，对于区域创新活动的产生具有极大的推动作用，基于长三角文化产业对人才需求现实本质，结合区域文化产业发展特征，本节构建人力资本空间权重矩阵，即在地理距离的基础上，赋予人力资本存量高的区域以更大的权重，表示为 W_2，计算公式如式（6 - 11）、式（6 - 12）、式（6 - 13）所示。

$$W_2 = W_1 \operatorname{diag}(\overline{H_1/H},\ \overline{H_2/H},\ \cdots,\ \overline{H_i/H}) \tag{6-11}$$

$$\overline{H_i} = \frac{1}{t_1 - t_0 + 1} \sum_{t=t_0}^{t_1} H_{it} \tag{6-12}$$

$$\overline{H_i} = \frac{1}{n(t_1 - t_0 + 1)} \sum_{i=1}^{n} \sum_{t=t_0}^{t_1} H_{it} \tag{6-13}$$

其中，W_1 表示上文逆距离空间权重矩阵，t 表示年份，$\overline{H_i}$ 表示 t_0 到 t_1 时间内 i 区域常住人口均值，$\overline{H}$ 表示三省一市在相同时期内总常住人口均值，$t_0 = 2009$，$t_1 = 2018$。

（4）人力资本空间权重的模型估计。在两种情形下进行 Huasman 检验，检验统计值如表 6-3 所示，分别为 -16.7074 和 308.8277，在 5% 的显著性水平下，"随机效应显著有效" 的原假设均不成立，因此本书选择面板固定效应模型。

表 6-3　Huasman 检验结果

模型	Huasman	P 值
空间滞后模型	-16.7074	0.035
空间误差模型	308.8277	0

而固定效应又分为空间固定效应、时间固定效应以及空间和时间双固定效应。比较不同效应的空间误差模型拟合情况，由于存在空间因素的影响，传统的拟合优度值并不能反映模型的实际估计好坏，可以根据似然函数值（Log-L）进行比较，该值越大表明模型的拟合效果越好。本书通过非空间的面板拉格朗日乘数（Lagrange Multiplier，LM）检验和稳健 LM 检验来判断应采用空间滞后模型还是空间误差模型。首先比较传统 LM 所对应的检验结果，根据 LM-Lag 和 LM-Error 的 P 值大小，选择显著性更高的模型进行估计更恰当；如果二者同样显著，则进一步比较稳健 LM 所对应的结果，即选择 Robust LM-Lag 和 Robust LM-Error 的统计结果更显著的模型进行估计。根据表 6-4，对包含人力资本空间权重因素的模型进行估计时，Hausman 检验拒绝了原假设，但 LM 检验中 LM-Lag 检验值的显著性要高于 LM-Error，再通过表 6-5 中各模型 Log-L 值大小的比较，最终空间与时间双固定效应

的空间滞后模型（模型4）拟合效果最好。

表6-4　LM检验和稳健LM检验

检验类型	检验值	P值
LM - Lag	4.0563	0.032
Robust LM - Lag	1.0452	0.471
LM - Error	5.3912	0.021
Robust LM - Error	2.0102	0.124

表6-5　人力资本空间权重的空间面板模型回归

变量	联合OLS	空间滞后模型（SLPDM）			空间误差模型（SEPDM）		
		空间固定效应	时间固定效应	时空固定效应	空间固定效应	时间固定效应	时空固定效应
	模型1	模型2	模型3	模型4	模型5	模型6	模型7
C	-0.1823	—	—	—	—	—	—
X_1	0.5265 **	2.3231	0.2712 ***	4.5031 ***	1.9214 ***	0.7241 ***	4.2391 ***
X_2	0.0454	-0.0782	-0.0112	-0.6214	-0.0021	0.0721	-0.2415
X_3	0.0642	0.1244	0.0821	0.1402	0.1273	0.0872	0.1376
X_4	-0.1823 **	-0.0792	-0.4621 **	-0.2960 **	-0.2831	-0.4521 ***	-0.2471 *
X_5	-0.1723	-0.5721 *	-0.2391	-0.4231	-0.6214 *	-0.2491 *	-0.5214
X_6	0.7822 ***	0.9482 ***	0.9871 ***	0.9681 ***	1.0274 ***	0.7651 **	1.1776 ***
X_7	0.0212	0.0021	0.0865	0.0931 **	0.0821 **	-0.4821	0.8661 **
X_8	0.8422 ***	-0.3814	-0.1551	-0.4212	-0.5214	-0.5023	-0.5551
ρ或λ	—	-0.2714 ***	-0.0092	-0.2781 ***	-0.1452	-0.4214	-0.1824 *
σ^2	0.1604	0.0701	0.0651	0.0621	0.0872	0.2412	0.0671
R^2	0.9283	0.9271	0.9721	0.9821	0.9762	0.9776	0.9761
$corr^2$	0.4521	0.5612	0.9612	0.3001	0.9566	0.9412	0.3102
Log - L	-50.212	-10.2851	-48.812	-8.0521	-12.721	-45.2914	-8.1024

注：以上回归结果用Geoda计算得出；***、**和*分别表示在1%、5%和10%水平上显著。

综合回归结果，基于人力资本空间权重矩阵的回归系数大小，空间计量模型回归结果中的 Log－L 值较未考虑空间因素的联合 OLS 估计结果均有明显提高，表明纳入空间因素对本书研究问题非常必要。

首先，人力资本也表现为较强的促进作用，表明长三角文化产业对人才的依赖。文化产业的持久内增动力是创意，需要充分发挥人的主观能动性，人才是文化创意产业发展的灵魂，直接决定着文化创意企业的创新能力。通过专业人才的培育，能够提高文化软实力，并且通过文化溢出效应，增强全民文化素质，加快文化创意产业的发展步伐。对外开放程度表现为较弱的促进作用，外商投资拓展了产业融资渠道，有利于吸收引进国外先进的文化理念与管理经验，且外商资本的介入，有利于扩大国际市场，提高产业的国际竞争力。

其次，公共设施水平、借贷水平、消费水平均表现为制约作用。一方面可能是数据选取不当造成的；另一方面可能是长三角公共设施的建设落后于产业的发展速度，即在产业发展的同时，公共设施的建设没有及时跟进，制约了产业的发展。

再次，表明银行机构和消费市场均没有发挥出应有的功效。现阶段，由于我国金融体系尚不完善，企业融资仍主要依靠银行贷款，然而风险系数较高的中小微文化创意企业往往很难满足贷款条件，银行贷款利用率不高。文化消费潜力没有得到释放，对产业发展缺乏带动能力。创新水平表现为一定的促进作用，科技创新是文化创意产业发展的动能所在，创新水平的提高能够促使文化产业向"高精尖"业态发展，但在人力资本空间权重矩阵的回归结果中不具有显著性，表明人才流动会弱化创新效应对产业发展的影响，创新效应受地理因素的影响较大，没有形成协同创新体系。金融水平不具有显著性，表明金融业所能够拓展的融资渠道没有得到很好的运用，对产业发展的影响不明显。

最后，空间自回归系数为负，表明大部分区域文化创意产业的发展对其邻近区域会产生抑制作用，可能正是"三省一市"部分区域的文化产业业态集聚性不显著的原因，与文化产业子产业内容庞杂、没有代表性龙头企业，或缺乏区域融合创新能力有关。由长三角发展的历史原因所致，中心城区的发展水平远高于郊县地区，容易吸引各种资源的集聚，造成周边区域资源匮乏，文化产业发展中差异性和异质性较大，产业发展较快的区域没有形成良好的扩散效应和溢出效应，反而争夺周边区域的发展资源，制约落后地区产业发展，从而形成恶性循环。

三、长三角文化产业空间分布绩效协同优势分析

上一节中，本书通过空间面板数据和计量经济学的方法，剖析出了长三角"三省一市"在一体化进程中，文化产业发展面临的扩散和溢出问题。从现有研究来看，长三角文化产业影响因素间存在着关联关系，我们利用知识网络分析方法，探究影响长三角文化产业发展协同创新的关键因素及耦合方式，为文化产业空间分布、协同创新和绩效改善政策协调研究提供理论基础。结合长三角文化产业空间分布特点、绩效协同关键因素、区域协同耦合机理，本节将运用 UCINET 6 软件进行动态路径模拟及网络关系建模，构建社会网络分析模型，对长三角文化产业空间分布绩效协同优势中政策协调效果问题提出一个科学决策。

1. 文化产业政策协同绩效因素提炼

目前已有诸多关于区域文化产业政策协同绩效影响因素的研究，本书对

近年来的相关文献进行了梳理，归纳出了各个实证分析中所提及的影响因素，以保证影响因素的关联和显著，如表6-6所示。

表6-6　文化产业政策协同绩效影响因素

参考文献	影响因素
方慧、尚雅楠①	垄断企业、市场秩序完善，文化出口额，人力资本，文化贸易竞争力，人均收入
袁海、吴振荣②	人力资本，企业规模，集聚经济，市场需求，文化政策
王猛、王有鑫③	城市需求，资源禀赋，空间外部性，产业多样化，产业专业化，基础设施，产业政策，产业结构
雷宏振等④	文化基础设施，人力成本，交通便捷性，文化娱乐消费支出
林秀梅、张亚丽⑤	文化消费需求，文化基础设施建设，人力资本水平，经济发展，政府扶持
孟召宜等⑥	非物态文化资源，物态文化资源，文化设施，信息化设施，经济水平，收入水平，消费水平，消费结构，科技创新能力，企业家精神，城市化结构，产业结构，社会投入
贺达、任文龙⑦	制度结构，产业供需错配，直接干预政策，间接引导政策
赵利⑧	基础设施，文化需求，企业战略，相关产业协同合作
高长春、江瑶⑨	知识产权保护力度，科技创新水平，人力资本，社会公众意识，社会监督机制

①　方慧，尚雅楠. 基于动态钻石模型的中国文化贸易竞争力研究［J］. 世界经济研究，2012（1）：44-50+88.

②　袁海，吴振荣. 中国省域文化产业效率测算及影响因素实证分析［J］. 软科学，2012，26（3）：72-77.

③　王猛，王有鑫. 城市文化产业集聚的影响因素研究——来自35个大中城市的证据［J］. 江西财经大学学报，2015（1）：12-20.

④　雷宏振，潘龙梅，雷蕾. 中国文化产业空间集聚水平测度及影响因素研究——基于省际面板数据的分析［J］. 经济问题探索，2012（2）：35-41.

⑤　林秀梅，张亚丽. 我国文化产业发展影响因素的动态分析——基于VAR模型［J］. 税务与经济，2014（2）：47-52.

⑥　孟召宜，渠爱雪，仇方道，马晓冬. 江苏文化产业时空格局及其影响因素研究［J］. 地理科学，2016，36（12）：1850-1859.

⑦　贺达，任文龙. 产业政策对中国文化产业高质量发展的影响研究［J］. 江苏社会科学，2019（1）：19-27.

⑧　赵利. 我国文化产业竞争力要素贡献度的测算［J］. 统计与决策，2016（2）：94-97.

⑨　高长春，江瑶. 知识产权保护能否促进文化产业集聚？——基于安徽省的实证分析［J］. 科技管理研究，2016，36（24）：126-130.

续表

参考文献	影响因素
曹锦阳[1]	人才资源，文化园区，税收倾斜，科技创新，跨界融合
熊建练、王耀中[2]	金融机构贷款，文化消费结构，固定资产投资，市场环境
蒋萍、王勇[3]	城市化率、文化事业机构数、文化体育与传媒拨款占全部财政支出比重、大专以上学历人口占总人口比重
侯兵、周晓倩[4]	产业总收入、旅游基础设施、产业增加值、文博馆数量、艺术馆数量从业人员、艺术表演团体
朱媛媛等[5]	文化消费意愿、文化消费环境、文化消费满意度
李凌雁、翁钢民[6]	文化市场营业总收入、文化批发零售企业收入、艺术表演团体从业人员比重、文化市场从业人员比重、文化及相关产业法人单位数

2. 长三角文化产业空间优势实证分析

利用 NetDraw 软件将文化产业联盟协同创新影响因素构建的网络进行可视化操作，如图 6-5 所示。按照 UCINET6 软件网络密度分析结果显示，该网络密度为 0.3333，密度较大，说明此网络中各影响因素之间关联作用较强。但是根据该网络图及密度分析结果仅能从直观上判断各影响因素之间存在关系，无法清晰识别其关键影响因素及作用机理，故将借助个体网研究的

① 曹锦阳. 关于粤港澳大湾区文化创意产业集群发展策略与探究 [J]. 经济研究导刊, 2018 (33): 31 - 39 + 41.

② 熊建练, 王耀中. 分布异质视角下产业集聚与文化产业增长研究——基于分位数面板回归的经验证据 [J]. 财经理论与实践, 2017, 38 (2): 117 - 122.

③ 蒋萍, 王勇. 全口径中国文化产业投入产出效率研究——基于三阶段 DEA 模型和超效率 DEA 模型的分析 [J]. 数量经济技术经济研究, 2011, 28 (12): 69 - 81.

④ 侯兵, 周晓倩. 长三角地区文化产业与旅游产业融合态势测度与评价 [J]. 经济地理, 2015, 35 (11): 211 - 217.

⑤ 朱媛媛, 甘依霖, 李星明, 余瑞林. 中国文化消费水平的地域分异及影响因素 [J]. 经济地理, 2020, 40 (3): 110 - 118.

⑥ 李凌雁, 翁钢民. 基于空间错位的我国西部地区旅游、文化与经济发展的演变分析 [J]. 地理与地理信息科学, 2016, 32 (2): 121 - 126.

相关指标进行深入分析。

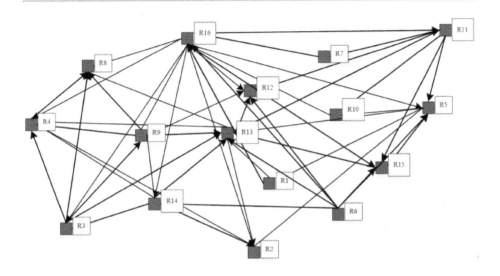

图6－5　长三角文化产业空间绩效优势影响因素网络模型

通过文献梳理，超过50个影响因素被整理出来，但其中大多数因素趋向相同或相近的意思。例如，产品多样化和产业专业化、市场环境和市场需求等相近的概念，此外还有一些概念较为抽象且笼统，如市场环境、产业政策等。实际上区域文化产业政策主要受地方经济的扩散效应和溢出效应影响，在文化类企业、文化产业园区、文化产业联盟、文化消费人群和文化政策协调中，这些信息、知识、技术、资源等要素受产业政策随机性和延缓性问题影响，指标上进一步筛选、替代、合并、转换，保留被学者们多次提到的影响因素，得到本书的研究对象——15个影响因素，并通过邻接矩阵构建、点度中心度、中心中心度、点的中间中心度进行分析测算，如表6－7所示。

表 6 - 7 长三角文化产业知识网络空间优势因素

编码	影响因素/驱动力	点度中心度	中心中心度	点的中间中心度
R13	产业集聚	13	60.241	14.212
R12	知识产权	13	56.912	12.983
R9	人力资本	12	44.214	8.742
R1	知识转移	12	41.201	8.321
R10	产业结构	11	39.071	7.921
R15	基础设施	11	36.877	7.084
R7	企业规模	10	20.213	4.987
R2	文化资源	10	12.981	2.861
R5	企业规模	9	7.871	1.424
R6	政府扶持资助	9	5.221	1.042
R4	文化消费结构	8	4.931	0.982
R8	市场需求	8	3.982	0.781
R14	跨界融合	5	3.291	0.631
R3	管理创新	5	2.421	0.472
R11	公共服务	5	1.894	0.387

整理上述两种分析结果，分别选取两种指标下排名前 7 位的因素作为重要因素，点度中心度指标下的因素分别是 R13、R12、R9、R1、R10、R15、R7，中间中心度指标下的重要因素为 R13、R6、R8、R15、R10、R9、R6，最后取两种指标下因素分析的交集，最终确定长三角文化产业空间优势的关键影响因素是产业集聚（R13）、知识产权（R12）、人力资本（R9）、知识转移（R1）、产业结构（R10）、基础设施（R15）、企业规模（R7）。

3. 结果与讨论

本节通过构建 SNA 模型，根据点度中心度、中间中心度分析结果显示：长三角文化产业知识网络空间优势影响因素之间具有联动性，某一因素的变化便会带动其他影响因素的变化，其中以产业集聚、知识产权、人力资本、知识转移、产业结构、基础设施、企业规模这些关键因素对其他因素作用较强，作用方式存在差异。

（1）产业集聚现象成为知识溢出和交互的载体。政府在产业发展中过多倾向于公共基础设施等硬件方面的建设，对传统文化资源的挖掘和整合稍显薄弱，尤其是在文化创意氛围的营造上投入明显不足，影响了创意集聚区的创意质量和发展进程。

硬件方面，随着创意产业集群的形成，引发了产业集聚效应。自上海市文化创意产业推进领导小组办公室（领导小组）成立以来，上海市创意经济发展已经实现了产业集聚化、规模化。截至 2020 年，上海市分三批共授予128 家产业园"市级文化创意产业园"称号。这种产业集聚效应会真正地成为地方城市有特色有影响力的城市文化品牌，从而成为城市地标或品牌结构。

软件建设方面，随着互联网技术进步和互联网经济的飞速发展，着重体现知识性的文化创意和设计服务、文化信息传输服务等不再受地域限制，可以辐射区域乃至全国。同时深化人才发展体制机制改革，为人才素养、人才流动、人才结构、人才产出提供机制保障。解决现在城市文化产业集群中现存的问题，比如上海文化创意产业发展存在市场化程度相对不高、投融资体系和要素市场有待完善、高端创意人才和复合型人才相对短缺、产业整体配套有待提升等问题，这些问题难以满足产业持续快速发展的需要。因此地方的创意产业集群需要加快推进硬件和软件建设并举政策。

（2）文化创意产业园区精细化管理吸引更具规模和有影响力的企业入驻。目前文化创意产业园区较多采用简单的空间租赁营运模式，过度强化物业管理职能，未能全面地向入驻的相关企业提供商业服务平台，造成很多地方有园区缺企业，有国家级、市级的牌子缺少内容等名不副实的情况出现，产业集聚和扩散效应没能充分发挥。因此政府加强对创意产业集群的监管，提高精细化的管理服务势在必行。集中强调了创意产业园区管理委员会需要通过对园区产业链条、孵化服务、集体声誉及其内在构成因素的重视和服务，来提高自身及创意企业的发展竞争水平。

（3）数字经济为文化产品供销渠道纾困。首先，在网络信息下，客户可以借助信息网络平台搜集所需要的创意产品和服务的信息，能够以更低的成本选择产品的供应商。其次，个性化创意服务将会成为消费新主流。文化产业要想赢得消费者青睐，必须要从创意产品的设计、生产工艺、包装和物流等环节进行更加优化的创新，从而巩固了创意产业的消费市场。最后，创意产业不能仅关注生产端，更要重视为客户提供体验式消费机会，让客户通过消费体验提升对创意产品和服务的归属感。

第七章 长三角一体化进程中文化产业政策协调机制实现的对策

身处全球经济下行和消费市场复苏的特殊阶段，长三角各省市对"疫情后阶段"文化产业生产复工的保障对策正逐渐发挥效应，但政府及相关商业部门如何合理规制、正确引导、长效促进文化产业持久的竞争能力，这是长三角文化产业区域政策协调上路径选择和目标实现的根本问题。基于本书研究，针对长三角一体化中文化产业政策亟须解决的政策协调问题，提出以下几点政策建议。

一、合理引导文化产业与数字科技的有效融合

随着长三角区域经济发展进入新常态，数字科技成为文化产业发展新动能，"文化＋"成为"文化网络化""产品数字化"和"生产多元化"的新的代言词。这种长三角的"大文化"的概念升级，彰显出长三角文化具有强

渗透性、强关联性的效应，而数字科技成为文化产业迈向"升级版"的融合发展新手段和发展趋势。

第一，推进区域数字文化产业共同体建设。长三角需要关注"互联网＋文化＋人工智能＋市场"的新模式，打造科技创新引领、资本配置有效、创意聚集的文化产业共同体，将数字技术融入到原始文化创意业态。在数字科技与文化产业融合发展中，政策上关注数字动漫、数字游戏、数字影视、数字文旅、数字新媒体、虚拟现实、数字会展、数字产品可视化等新领域，将有利于文化创意产业的数字业态形成。上海"文创50条"中明确指出，未来将发展六个主要重点领域，其中建设全球影视创制中心、亚洲演艺之都、全球动漫原创中心等成为文化创意数字化转型的产业实践，长三角文化政策将使数字文化产业迎来跨行业、跨要素的结构转型机遇和挑战。

第二，数字消费成为文化消费结构转型的趋势。2020年《政府工作报告》指出，要推动消费回升，支持文化、旅游等生活服务业恢复发展，需要推动线上线下融合。从2020年上半年数据来看，长三角居民在文化娱乐的消费支出上位居全国前列，具有固定高质量的消费群体优势。这意味着疫情后的复苏期，以数字文化消费为代表的文化消费结构规模不断壮大，"文化＋数字"正在重塑文化消费内容、变革消费渠道和场景，创新消费体验和观念。在消费升级影响下，文化类产品消费日益表现出了多元化、个性化和定制化等特点，长三角文化市场需要培育城市中大众文化消费的"黏性"和"韧性"，让"线上线下"融合的新型消费结构满足文化消费的扩容增质。从长三角文化产业数字消费重点来看，顾客消费集中在内容付费、内容营销和内容跨界方面。内容付费、流量平台、直播带货等跨界融合方式，将提升数字文化产品创意创新能力，拓展新型数字化精准营销，拉升消费，推动新型展示技术应用。在数字交易成本上，数字文化产品有其特殊的成本结构，通过商家供给侧和线上消费者需求侧数字信息进行精准适配，减少商家和用户多余交易成本和产品错位的出现。在消费终端，政策上关注数字网络与传统文化产业跨界营销，如上海引进带货人才"李佳琦"落户崇明，这不仅是文化政策形式优化调整，更是人才政策精准性和地方政策红利的整体变革。

第三，以虚拟价值观加强数字文化产业知识权保护。长三角数字文化产业重点在 APP 数字化软件方面，加强云计算、大数据、虚拟（增强）现实、移动 5G 互联网、物联网等新兴信息技术在文化创意产业应用软件中的融合应用，提升文化创意产业应用软件的易用性、功能性、可靠性、安全性。在信息安全方面，聚焦数字版权保护、隐私保护、网络与信息安全监测等关键技术，加快文化创意产业信息安全软件研发及产业化。在数字出版企业方面，现阶段需依靠海量的数字内容资源，运用市场客户需求为导向的 IP 营销方案，以多元化的合作方式，兼并战略、较为完善的版权保护制度。长三角政府要与腾讯、阿里巴巴、百度、网易、新浪、三六零等国内知名网络公司签订战略合作协议，加快实现数字文化产业网络化发展。

二、城市间治理合作是长三角文化产业融合的动力

长三角加入世界级城市群将面对全球化带来的诸多挑战，城市群中文化产业由高速增长向高质量发展的关键是城市间合作治理能力。推动城市发展方式转变，增强创新动力转换，城市群提高有效解决文化类市场问题的处理能力，对文化产业从业者的需求地方政府要增强回应性。

第一，文化产业集聚挖掘长三角经济潜力。有效集聚资源要素是提升城

市经济创新力和竞争力的关键。从上海迪士尼、无锡国家数字电影产业园、无锡华莱坞、云渲染农场、杭州宋城演艺等实践证明，地理邻近的产业集群成为当代产业发展的有效组织形态，在集聚生产要素、优化资源配置、推动创新创造、营造产业生态环境等方面发挥着越来越重要的作用。长三角地方政府需要打造充满活力的创新创业高地、近悦远来的国际化人才集聚高地和令人向往的品质生活高地，集聚资源要素，促进新兴产业集群发展壮大。通过搭建产业创新生态圈，引入科技金融、知识产权、第三方服务、公共研发、人才招聘和培训、一站式基础服务等功能平台，提高城市功能机构集聚程度。设立产业引导基金，目标是孵化出一批时尚文化、影视艺术、音乐演艺、创意体育、科技服务等新兴业态。

第二，以科技创新为动力，优化营商环境吸引人才。城市是产业的载体，人才是产业的发动机。文化产业更是以创新为动力，在良好的营商环境下，城市经济才能高质量发展。"三省一市"在行政审批上提速，在市场主体登记领域采取全集中模式，在开办企业、跨境贸易、建筑施工、公用事业服务、法治环境建设等方面减环节、减时间、减费用，使审批时限和审批材料分别压缩。同时，增强城市创新能力，一方面要根据本地科技创新条件和文化资源禀赋，瞄准科技前沿，强化科技创新的前瞻布局和融合发展，使城市成为科学新发现、技术新发明、产业新方向的重要策源地；另一方面要对行业前瞻技术、跨界新技术保持高度关注，并积极开展前沿技术研发，努力在本地的优势领域、特色领域掌握几项关键核心技术。打造"创业导师＋专业孵化＋创业投资"的服务模式，为入孵创业实体免费提供一站式创业公共服务，提供放心食堂、温馨公寓等生活配套服务，保障创业人才安居乐业，为城市经济发展增动力、添活力。

第三，提高文化产业园区的精细化管理能力。通过本项目的实地调研，当前长三角文化创意产业园区较多采用简单的空间租赁营运模式，过度强化物业管理职能，未能全面地向入驻的相关企业提供商业服务平台，造成很多地方有园区缺企业，有国家级、市级的牌子缺少内容等名不副实的情况时有出现，产业集聚和扩散效应没能充分发挥。因此长三角的政府需加强对创意产业集群的监管，提高精细化的管理服务势在必行。集中强调了创意产业园区管理委员会需要通过对园区产业链条、孵化服务、集体声誉及其内在构成因素的重视和服务，来提高自身及创意企业的发展竞争水平。在产业链条方面，科学的规划是园区建设发展的灵魂，管理服务需要通过具体的配套设施如健全的网络信息服务、电力能源等基础设施、政策咨询服务等实现；集聚区对入驻企业的筛选要重视创意企业现有人力资本状况及其长期获得能力，注重吸引创意人才和技术资源优秀的企业并鼓励企业间的知识交流溢出效应。在孵化服务方面，重视搭建创意人才吸引服务平台，瞄准 VR/AR、5G 和 AI＋文创应用、多媒体装备、灯光和音响装备、演艺和娱乐装备、印刷包装装备、全球电竞、动漫、游戏、网络文化等领域的新技术、新成果、新应用。

三、构建长三角文化产业政策体系的信任机制

第一，以信任为基础，利用知识网络完善文化产业价值链。长三角大部分文化类企业是从传统行业中转型而来的，文化产品内容呈现题材单调、创意不足的现象，在产品设计、生产制造、销售推广环节上，原创内容的挖掘与生产无法与科技创新以及市场结合，产品附加值偏低，企业市场化程度明显不高，大部分处于"小、弱、散"的状况。为未来着想，完善长三角文化

产业中组织信任的相关政策保障十分必要。传统价值链线性思维在早期文化产业经济下具备一定优势，随着现代买方市场的不断发展，文化产业已经由以往的生产端为核心变为以消费端为核心。而在经济全球化背景下，创意资源、市场、生产、创新等重新整合，促进了文化产业全球知识体系的发展。所以在全球化竞争市场环境下，文化产品越来越以客户价值为导向，这个趋势将成为创意产业价值网络组织模式的战略重点。首先，在网络信息下，客户可以借助信息网络平台搜集所需要的创意产品和服务的信息，能够以更低的成本选择产品的供应商。其次，个性化创意服务将会成为消费新主流。文化产品要想赢得消费者青睐，必须要从产品设计、生产工艺、包装和物流等环节进行更加优化的创新，从而巩固创意产业的消费市场。最后，文化产业不能仅仅关注生产端，更要重视为客户提供体验式消费机会，让客户通过消费体验提升对创意产品和服务的归属感。

第二，以制度创新与技术创新相统一促进文化产业发展。通过问卷调查和实际调研，我们发现许多文化产业从业人员对文化产业优惠政策相对陌生，所以政府需要从文化创意产业园区的科学规划和政策引导以及合理规划方面，帮助文化创意企业有效孵化，助推文化创意企业快速成长，搭建文化创意产业集群发展的基础平台。通过长三角主流媒体和短视频等手段，对长三角有影响力的文化产业园区及相关公司进行宣传，增加长三角城市文化品牌的传播力度。政府可适当增加财政投入，加大对文化产业集群的人才培训，鼓励有发展前景的企业优先上市。比如，上海市经过多年运行，成立了专门的文化创意企业资助的专项资金，扶持具有良好发展前景的创意企业获得政府财政资金的资助，说明政府对创意企业认知能力的把握。

在文化事件立法上，对版权缺乏主动性、预见性，暴露出目前应对文化事件缺乏系统的长效应急机制，相关立法也缺失。

第三，推进文化创新，挖掘城市文化细胞。尽管长三角"三省一市"文化产业增加值位于全国城市榜首，但在文化产业增加值占全市12%的比重以及人均的文化创意产业增加值方面，都低于北京、杭州、深圳，在全球城市的竞争中，上海的文化生产并不占优势。首先，在文化多样性和文化包容性上，长三角城市需要打造卓越创新文化。有文化创新活动的城市要海纳百川，容纳各种文化，让各种文化基因相互碰撞。从外国人在苏杭就业人口的产业比例来看，以经济和管理类以及技术类居多，而文化艺术人口的比例还有待继续提升，文化艺术人口对激发一个城市和地区在多样文明碰撞中的发展，往往起着有力的催化作用。多样化人群对激活城市创新活力具有关键性的作用，需要少数族裔文化、活跃的街头文化、先锋文化、草根文化等，形成异质性而具有活力的生态圈。其次，营造社会参与、万众创新的充足文化活力和创新动力。在社区中，尽管文化建设过程中注重文化环境的改善，但社区文化活动仍然偏少，邻里之间形同陌路，一些社区并不能针对不同人群提供相应的基础文化服务，缺乏人文关怀。巴黎的左岸曾以其独特的高等院校、艺术机构、咖啡馆空间等，成为文化人士活动的公共领域。它并非为了某种产业目的，但构成了巴黎文化创新的显著活力，上海需要改变注重商业化和产业化的文化开发模式，为创新营造更为宽松的环境。最后，长三角文化发展中重视文化内核。长三角文化在城市文化建设中取得成绩的同时，也在一定程度上存在"内容遗失"。例如，上海泰晤士小镇、荷兰风情小镇等，注重街区建筑的异国形式而缺乏实际的文化内涵。以拥有同乐坊、800秀、源创等创意产业园区的江宁社区为例，原本应当是主角的创意产业却在几轮商业运作之后沦为配角。文化资源的运用不能仅仅局限在经济目标的制定上，否则容易进入"创新空间不创新"的老路，还需要重视促进城市可持续发展。激活城市的创新弹性和自由度，建立地方文脉和创意元素的活动区域，在现有的消费商务区、公共空间、区域中心活动、历史文化地段、广场街坊等范围拓展文化创新活动区的建设。

四、多元大文化融合创新，
协调文化产业精准施策

第一，从"小文化"向"大文化"的融合创新。从文化产业视角看，文化正在走出传统的文化艺术、新闻出版和影视创作的"小文化"，迈向国民经济发展的"大文化"，文化产业的先导作用逐步强化。推动"大文化"意识，就是要把文化产业的高附加值、高融合性、高渗透性和低资源消耗的产业价值属性充分挖掘出来，实现跨"三省一市"文化资源配置的有效融合。"大文化"融合创新将形成"由事实到意义""由封闭到开放""由传统到现代""由多元共生到融合"的立体发展张力，推动"大文化"与社会文化、人文文化和科技文化的高度融合，从而打开"大文化"推动价值创造的新时代。比如在文化项目上，上海应避免开发和建设"孤岛化"倾向项目，加大文化项目与周边环境的融合以及各类阶层市民对其的共享。文化的创新和创新的文化离不开"人"的参与，文化空间、文化成果、文化共享等需要充分考虑各类市民在活动、交流、生活中的需求。

第二，从"边缘"文化向"中心"文化融合。文化产业融合发展存在单向融合、双向融合和一体化融合等形式。长三角需要推动区域文化产业"边缘"向"中心"的融合创新，就是加大文化资源挖掘、文化要素整合、文化产业深入耦合力度。在区域高质量发展驱动下，实现文化产业由初级阶段边缘融合向高级阶段中心融合的过程。比如，上海文化创意产业的科技创新活动还停留在企业自主开展技术创新和文创园区内部知识共享阶段，但是在共性关键技术与核心技术研发方面，在自主创新能力与模式创新方面，在公共孵化平台建设以及文化科技创新网络（由企业技术创新中心、技术创新联盟、大学科技园/研究中心等构成）建设方面，需进一步开展创新、创新扩散的生态环境。同时，在共生力量作用下，区域内把"边缘"的零散碎片化的文化资源，整合成具有竞争力的"中心"产业"增长极"资源。按照共同体规划目标，形成"三省一市"若干个"中心"文化融合创新示范区。目前，长三角文化产业处在发展阶段，创新主体之间的互动性、资源链条内部承接性、产业链与创新链之间衔接性都不够完善，"三省一市"文化产业创新体制机制存在的问题仍需碎片化整理。根据区域经济发展的极化效应、扩展效应、回程效应，构建长三角区域一体化的、体现产业链整合效应的，符合区域经济极化效应的文化与科技融合发展、规划与科技环境优化的政策体系。

参考文献

[1] Ally A. Young. Increasing Returns and Economic Progress [J] . The Economic Journal, 2009, 38 (152): 527 –542.

[2] Bain. Industrial Organization [M] . New York: John Wiley, 1968.

[3] Bielby D. D . Conveying Transnational Cultural Value in Creative Industries [J] . American Behavioral Scientist, 2009, 55 (5): 525 –540.

[4] Braun E. , Lavanga M. An International Comparative Quick Scan of National Policies for Creative Industries [J] . Euricur: for the Miinistry of Education, Culture and Science of the Netherlands, 2007.

[5] Breen M. P . The Flow of Television Programs from America to Australia [J] . Journalism & Mass Communication Quarterly, 1981, 58 (3): 388 –394.

[6] Brown A. , O'Connor J. , Cohen S. Local Music Policies within a Global Music Industry: Cultural Quarters in Manchester and Sheffield [J] . Geoforum, 2000, 31 (4): 437 –451.

[7] Currid E. , Williams S. Two Cities, Five Industries: Similarities and Differences within and between Cultural Industries in New York and Los Angeles

［J］. Journal of Planning Education and Research, 2010, 29 (3): 322 –335.

［8］De Loecker J. , Warzynski F. Markups and Firm – level Export Status ［J］. American Economic Review, 2012, 102 (6): 2437 –2471.

［9］Florida R. The Evolving Economic Geography of the Music Industry ［J］. Blackwell Publishing, 2002, 92 (4): 743 –755.

［10］Galloway S. , Dunlop S. A Critique of Definitions of the Culture and Creative Industries in Public Policy ［J］. International Journal of Cultural Policy, 2007 (1): 17 –31.

［11］H. Mommaas. Cultural Clusters and the Post – industrial City: Towards the Remapping of Urban Cultural Policy ［J］. Urban Studies, 2012, 41 (3): 507 –532.

［12］Jin H. Creative Industries Agglomeration, Regional Innovation and Productivity Growth in China ［J］. 中国地理科学 (英文版), 2014: 10. 1007/ s11769 –013 –0617 –6.

［13］Klette T. J. Market Power, Scale Economies and Productivity: Estimates from a Panel of Establishment Data ［J］. The Journal of Industrial Economics, 1999, 47 (4): 451 –476.

［14］Lee D. , Hesmondhalgh D. , Oakley K. , et al. Regional Creative Industries Policy – making under New Labour ［J］. Cultural Trends, 2014 (4): 217 –231.

［15］Molotch H. LA as Design Product: How Art Works in Regional Economy ［M］//Scott A. , Soja E. (eds.). The City: Los Angeles and Urban Theory at the End of the Twentieth Century, Berkerlery and Los Angeles. CA: University of California Press, 1996.

［16］Mommaas. Cultural Clusters and the Post – industrial City：Towards the Remapping of Urban Cultural Policy, Urban Studies, 2012, 41（3）：507 – 532.

［17］Morawetzn, Hardy J. , Haslam C. , et al. Finance, Policy and Industrial Dynamics：The Rise of Co – productions in the Film Industry ［J］. Industry & Innovation, 2007（4）：421 – 443.

［18］R. E. Hall. Market Structure and Macroeconomic Fluctuations ［J］. Brookings Papers on Economic Activity, 1986（2）：285 – 338.

［19］R. E. Hall. The Relation between Price and Marginal Cost in U. S. Industry ［J］. Journal of Political Economy, 1988, 96（5）：921 – 947.

［20］Xiaokai Yang, Robertr. An Equilibrium Model Eudogenizing the Emergence of a Dual Structure between the Urban and Rural Sectors ［J］. Journal of Urban Economics, 1994, 35（3）：346 – 368.

［21］Yusuf S. , Nabeshima K. Creative Industries in East Asia ［J］. Cities, 2005, 22（2）：109 – 122.

［22］阿尔弗雷德·韦伯. 工业区位论 ［M］. 北京：商务印书馆, 1997.

［23］曹锦阳. 关于粤港澳大湾区文化创意产业集群发展策略与探究 ［J］. 经济研究导刊, 2018（33）：31 – 39, 41.

［24］陈建军, 葛宝琴. 城市化对文化创意产业发展的影响 ［J］. 浙江学刊, 2008（6）：163 – 167.

［25］陈颖. 文化与科技融合创新指数的构建与评价 ［J］. 科技管理研究, 2016, 36（10）：44 – 49.

［26］陈甬军, 周末. 市场势力与规模效应的直接测度——运用新产业组织实证方法对中国钢铁产业的研究 ［J］. 中国工业经济, 2009（11）：45 – 55.

［27］程乾，方琳．生态位视角下长三角文化旅游创意产业竞争力评价模型构建及实证［J］．经济地理，2015，35（7）：183－189．

［28］程玉，杨勇，刘震．中国旅游业资本流动与生产率演化——基于 DSSA 方法的结构效应分析［J］．旅游科学，2020，34（1）：33－53．

［29］Doobo Shim，李妮．韩国通俗文化在亚洲的交融与崛起［J］．文化艺术研究，2009（4）：10．

［30］大卫·赫斯蒙德夫．文化产业［M］．北京：中国人民大学出版社，2016．

［31］戴钰．湖南省文化产业集聚及其影响因素研究［J］．经济地理，2013，33（4）：114－119．

［32］方慧，尚雅楠．基于动态钻石模型的中国文化贸易竞争力研究［J］．世界经济研究，2012（1）：44－50，88．

［33］冯江茹．金融发展、产业结构优化与经济增长［M］．北京：知识产权出版社，2016．

［34］冯子标，焦斌龙．大趋势：文化产业解构传统产业［M］．北京：社会科学文献出版社，2006．

［35］付为祥，谭泽敏．银行业超额利润来源：市场势力还是技术进步［J］．经济研究导刊，2018（33）：83－85，96．

［36］高长春，江瑶．知识产权保护能否促进文化产业集聚？——基于安徽省的实证分析［J］．科技管理研究，2016，36（24）：126－130．

［37］高长春，周琦．城市创意空间集聚下驱动效度与影响机制指标探究［J］．华东经济管理，2020，34（5）：51－63．

［38］高峰．长三角地区文化产业协同发展研究［J］．现代管理科学，2013（8）：36－38．

［39］龚彦方．中国传媒产业的市场势力与规模经济——基于 NEIO 范式的实证研究［J］．产经评论，2012，3（4）：56－65.

［40］韩东林，吴瑞，夏传伟．数字技术应用对中国文化产业发展的冲击效应研究［J］．中国科技论坛，2019（12）：83－90.

［41］贺达，任文龙．产业政策对中国文化产业高质量发展的影响研究［J］．江苏社会科学，2019（1）：19－27.

［42］侯兵，周晓倩．长三角地区文化产业与旅游产业融合态势测度与评价［J］．经济地理，2015，35（11）：211－217.

［43］胡黎明，赵瑞霞．模块化与标准化协同演进机理的超边际分析［J］．科技管理研究，2016（12）：203－219.

［44］花建．" 一带一路" 战略与我国文化产业的空间新布局［J］．福建论坛（人文社会科学版），2015：6.

［45］黄溶冰，胡运权．产业结构有序度的测算方法——基于熵的视角［J］．中国管理科学，2005，14（1）：122－128.

［46］黄天蔚，刘容志．长江经济带文化创意产业园创新能力评价研究［J］．科研管理，2016，37（S1）：482－488.

［47］姜德波，颜秉政．基于 Klette 模型的我国商业银行垄断性分析［J］．金融理论与实践，2016（6）：55－58.

［48］蒋萍，王勇．全口径中国文化产业投入产出效率研究——基于三阶段 DEA 模型和超效率 DEA 模型的分析［J］．数量经济技术经济研究，2011，28（12）：69－81.

［49］蒋三庚．中央商务区文化创意产业集群发展类型与特点［J］．经济与管理研究，2009（3）：4.

［50］蒋园园，杨秀云，李敏．中国文化创意产业政策效果及其区域异

质性 [J]. 管理学刊, 2019, 32 (5): 9-19.

[51] 孔令刚, 吴寅恺, 陈清萍. 长三角高质量一体化发展论坛综述 [J]. 区域经济评论, 2019 (5): 145-150.

[52] 蓝庆新, 郑学党, 韩晶. 我国文化产业国际竞争力比较及提升策略——基于2011年横截面数据的分析 [J]. 财贸经济, 2012 (8): 80-87.

[53] 雷宏振, 潘龙梅, 雷蕾. 中国文化产业空间集聚水平测度及影响因素研究——基于省际面板数据的分析 [J]. 经济问题探索, 2012 (2): 35-41.

[54] 李凌雁, 翁钢民. 基于空间错位的我国西部地区旅游、文化与经济发展的演变分析 [J]. 地理与地理信息科学, 2016, 32 (2): 121-126.

[55] 林秀梅, 张亚丽. 我国文化产业发展影响因素的动态分析——基于VAR模型 [J]. 税务与经济, 2014 (2): 47-52.

[56] 刘慧凤, 杨晓彤. 地方财政政策对文化企业并购行为的促进效应研究 [J]. 财贸研究, 2019, 30 (10): 64-77.

[57] 刘小鲁. 标准制订强化了市场势力吗: 基于中国制造业企业数据的经验研究 [J]. 经济评论, 2018 (4): 101-114.

[58] 刘志雄. 水产品产业的市场势力测算: 基于NEIO方法的研究 [J]. 东北农业大学学报 (社会科学版), 2015, 13 (6): 21-25.

[59] 卢现祥. 新制度经济学 [M]. 武汉: 武汉大学出版社, 2011.

[60] 麻敏, 李勇. 文化产业集群竞争力的评价方法 [J]. 统计与决策, 2014 (1): 83-86.

[61] 迈克尔·波特. 国家竞争优势 [M]. 李明轩, 邱如美译. 北京: 华夏出版社, 2002.

[62] 迈克尔·波特. 竞争优势 [M]. 北京: 陈小悦译. 华夏出版

社，1997.

［63］孟召宜，渠爱雪，仇方道，马晓冬．江苏文化产业时空格局及其影响因素研究［J］．地理科学，2016，36（12）：1850－1859.

［64］明秀南，陈俊营．中国电信行业市场势力与效率：基于 NEIO 方法的实证研究［J］．贵州财经大学学报，2014（4）：75－81.

［65］牛华勇，闵德寅．互联网金融对商业银行的影响机制研究——基于新实证产业组织视角［J］．河北经贸大学学报，2015，36（3）：66－71.

［66］潘维刚．文化创意产业迎应全球化的创新策略［D］．长春：吉林大学，2010.

［67］祁述裕，孙博．我国文化产业发展亟需完成七个转变［J］．探索与争鸣，2014：4.

［68］祁述裕．推动文化产业转型升级和提质增效——《文化部"十三五"时期文化产业发展规划》解读［J］．人文天下，2017（19）：2－5.

［69］乔治·J. 施蒂格勒．产业组织［M］．上海：格致出版社，2018.

［70］日下公人．新文化产业论［M］．范作申译．东方出版社，1989.

［71］荣跃明．上海文化产业发展报告2018［M］．上海：上海书店出版社，2018.

［72］沈曦．基于新实证产业组织理论的市场势力测度——以全球光伏产业（2010－2013年）为例［J］．产经评论，2018，9（2）：21－36.

［73］苏东水．产业经济学［M］．北京：高等教育出版社，2010.

［74］孙国锋，唐丹丹．文化科技融合、空间关联与文化产业结构升级［J］．南京审计大学学报，2019，16（5）：94－102.

［75］田贵生．文化产业集群竞争力评价模型 GEMC 构建［J］．企业经济，2014（1）：111－114.

［76］汪海波．产业融合视角下的安徽文化创意产业发展新战略［J］．福建论坛（人文社会科学版），2017（8）：93－98.

［77］王俊豪．产业经济学［M］．北京：高等教育出版社，2008.

［78］王猛，王有鑫．城市文化产业集聚的影响因素研究——来自35个大中城市的证据［J］．江西财经大学学报，2015（1）：12－20.

［79］王稳，张运智．基于新实证产业组织范式的我国保险市场竞争度检验［J］．保险研究，2014（11）：56－69.

［80］温德经．上海国际金融中心与文化产业的协调发展［J］．上海金融，2014（12）：113－114.

［81］文化部．"十三五"时期文化产业发展规划［J］．青年记者，2017（14）：38.

［82］巫强，余鸿晖．中国制造业企业出口模式选择研究：基于市场势力和生产率的视角［J］．南京社会科学，2019（8）：11－21.

［83］伍洪杏．全面深化改革背景下政府文化职能转变［J］．理论月刊，2016（1）：110－115.

［84］解学芳．基于技术和制度协同创新的国家文化产业治理［J］．社会科学研究，2015（2）：50－57.

［85］习近平．决胜全面建成小康社会 夺取新时代中国特色社会主义伟大胜利［M］．北京：人民出版社，2017.

［86］熊建练，王耀中．分布异质视角下产业集聚与文化产业增长研究——基于分位数面板回归的经验证据［J］．财经理论与实践，2017，38（2）：117－122.

［87］薛飏．我国文化体制改革对地区经济增长影响的实证分析［J］．当代经济科学，2016，38（4）：89－97，127.

［88］杨传张，祁述裕．拓荒与深耕：2014－2017年我国文化产业研究综述［J］．山东大学学报（哲学社会科学版），2018（6）：167－176.

［89］杨头平，潘桑桑．中部地区文化产业竞争力评价与差异分析［J］．经济地理，2018（12）：119－125.

［90］余佳，游达明．文化产业集群效应及竞争力评价［J］．统计与决策，2017（17）：139－143.

［91］袁海，吴振荣．中国省域文化产业效率测算及影响因素实证分析［J］．软科学，2012，26（3）：72－77.

［92］袁海．中国省域文化产业集聚影响因素实证分析［J］．经济经纬，2010（3）：65－67，71－73.

［93］曾涛，杨朔，占绍文．区域文化创意产业竞争力形成机理仿真研究［J］．统计与决策，2018，34（2）：64－68.

［94］詹绍文，王敏，王晓飞．文化产业集群要素特征、成长路径及案例分析——以场景理论为视角［J］．江汉学术，2020，39（1）：5－16.

［95］张丽．安徽省文化产业竞争力及其发展对策研究［D］．安徽农业大学，2011.

［96］张佑林，易紫，陈朝霞，徐乐瑶．上海文化产业的影响因素与竞争力研究［J］．山东财经大学学报，2017，29（2）：27－35.

［97］赵利．我国文化产业竞争力要素贡献度的测算［J］．统计与决策，2016（2）：94－97.

［98］赵彦云，余毅，马文涛．中国文化产业竞争力评价和分析［J］．中国人民大学学报，2006（4）：72－82.

［99］郑自立．我国文化创意产业集群发展研究［J］．南京财经大学学报，2012（3）：6.

［100］周末，王璐. 产品异质条件下市场势力估计与垄断损失测度——运用新实证产业组织方法对白酒制造业的研究［J］. 中国工业经济，2012（6）：120－132.

［101］朱旭光. 长三角文化产业集群模式的三维分析［J］. 经济论坛，2009（4）：52－55.

［102］朱媛媛，甘依霖，李星明，余瑞林. 中国文化消费水平的地域分异及影响因素［J］. 经济地理，2020，40（3）：110－118.

［103］邹樵，肖世姝. 基于 AHP 的文化创意产业竞争力评价指标体系设计［J］. 统计与决策，2017（24）：58－60.